D1601539

# NOS QUISIMOS...
# MATAR

Jessica T. Raijman     Sergio Krashkur

# NOS QUISIMOS... MATAR

DE UN MATRIMONIO FALLIDO
A UN DIVORCIO EXITOSO

**OCEANO**

NOS QUISIMOS… MATAR
De un matrimonio fallido a un divorcio exitoso

© 2019, Jessica T. Raijman y Sergio Krawetz

Diseño de portada: Music for Chameleons / Jorge Garnica

D. R. © 2019, Editorial Océano de México, S.A. de C.V.
Homero 1500 - 402, Col. Polanco
Miguel Hidalgo, 11560, Ciudad de México
info@oceano.com.mx

Primera edición: 2019

ISBN: 978-607-527-893-3

Impreso en México / Printed in Mexico

*Para Sebastian y Camila*

# Primera parte

# El principio

## Sergio

Nunca fui candidato al matrimonio.

Siempre fui un gran *loner*, uno de esos tipos que no requerían de una novia o de una relación larga y aburrida, de esas obligadas por la callada presión social que casi exigía que todos tuviéramos un romance escolar, como una materia más que teníamos que aprobar.

Mis amigos y yo éramos un grupo de rebeldes. Con causa, pero rebeldes al fin; teníamos muy claro lo que nos importaba, y lo que le importaba a los demás no era de nuestra incumbencia. Siempre andábamos en bola, éramos una banda grande y salíamos en ocho o diez coches. Las noches duraban años, y los años, sin saberlo, volcarían su destino en cada uno de nosotros. Después de algún tiempo, como fichas de dominó, empezaron a caer: uno a uno, mis amigos se fueron casando, mientras que yo seguía con mi eterna búsqueda de placeres efímeros y una rotunda negación al absurdo compromiso.

Yo era el presidente de la liga antimatrimonio, y así logré forjar otro grupo. Éste era más pequeño, pero sus elementos me seguían y volaban conmigo en la mente y en los asientos de un sinfín de aviones, para aterrizar constantemente en destinos atípicos y exóticos.

Hacíamos viajes más allá de las discotecas y de los hoteles con playa. Nuestras escapadas tenían como plataforma el desafío de vivir a la vanguardia de las fiestas más estridentes y de situaciones a las que no cualquiera se abre o se atreve.

No voy a contar los detalles de nuestras andanzas; sólo diré que poco a poco me iban encerrando en un éxtasis recurrente, que tenía la misma función que mis lentes oscuros: impedían que la claridad llegara a mi córnea.

Mis viajes, mis fiestas, mi independencia, mi fluidez y todo lo que moldeó la década de mis veinte, fue exactamente igual a lo que había soñado y deseado.

¿Quién diablos necesitaba meterse a la prisión del matrimonio?

Ya eran muchos de mi grupo de amigos los que se habían sometido. Sin embargo, yo no tenía la intención de hacerlo, y es que tenía mi vida bajo control, además de que estaba decorada con ornamentos que todo hombre añora y que sólo pocos luchan por no perder. Tenía una vida glamorosa que dividía entre mi gran trabajo y mi libertad.

¿Por qué me llegarían las ganas de ponerme un moño y un smoking para desperdiciar un sábado, que luego se convertiría en una vida malgastada, entregándole a una esposa mis manos para que me las espose?

Siempre fui y siempre seré un tipo controversial. Lo mío, sin duda, es ser el más puntual para el presente, pero el más retrasado para el futuro. Soy un hombre responsable para acudir a citas y eventos, pero a todo lo demás he llegado tarde. Antes detestaba a los perros y los evitaba; mi amor por ellos me alcanzó apenas hace un par de décadas e hizo que me convirtiera en su defensor número uno. Mis extremos me han llevado a ocasionar choques por cerrármele a otros autos con el fin de permitir que un perro cruce la calle a sus anchas, como lo dicta el derecho de cualquier peatón.

Otra cosa que me llegó tardía fue la inclinación por procurar a los niños. ¿Quién iba a pensar que un bárbaro como yo, que asustaba a los pequeños miniterroristas haciéndoles cara de malvado en los aviones con tal de que se callaran, sería un extraordinario papá y un tío sin igual? ¿Quién iba a pensar que yo, aquel incasable, desarmaría mi equipo de seducción inmediata para venderlo en un anuncio de un periódico de cosas usadas? ¿O que yo, ese engreído monarca del desprecio por los romances largos y rosas, sucumbiría ante un altar después de décadas de defender mi gobierno totalitario antimatrimonio?

¿Quién iba a pensar que la crisis de los treinta me acorralaría de tal forma que me entregaría a una búsqueda distinta en un afán por sentar cabeza?

Una buena noche dejé los veintinueve atrás y entré a lo que seguía por una puerta nueva: entré a un cuarto lleno de incertidumbre, a una sala vacía de las cosas que conocía, pero saturada de ideas y anuncios alarmantes con los que no podía lidiar puesto que no los entendía. Sentí un vacío, un despertar oscuro. Las dudas eclipsaban mi pensamiento. ¿Me sentía solo? ¿Al fin y al cabo deseaba lo que todo mundo quiere y lo que todos buscan? ¿Anhelaba tener con quién compartir lo bueno y lo malo, tener un cómplice que supiera el escondite de mis llaves y que entendiera mis chistes por conocerlos y conocerme de memoria?

Estaba terminando una relación banal con una mujer que más bien era una niña inmadura. Una chavita ingenua, noble, buena, pero limitada. De esas que dicen que sí a todo, que sonríen cuando las volteas a ver. Una mujer linda por fuera y por dentro, pero más para ser admirada que para subirla al tren de mis adentros. Con ella nunca podría invitar a mis demonios a jugar un rato en la sala. Con ella nunca lograría descubrir el hilo negro de nada, con ella no trascendería ni siquiera el recuerdo de una tarde… Por eso la dejé y, mientras lo hacía, el futuro, vestido de coincidencias y de señales, estaba al acecho, acercándose cada vez más a mi puerta.

Por varios lados llegó, de varias maneras el destino me estaba haciendo una demostración de su fuerza y de su enigmática manera de conspirar para que apareciera, de la nada, ese giro que provoca que cambies el rumbo y tu vehículo se derrape en sentido contrario a lo que eres.

Un día fui a comprar un coche. El vendedor era una persona mayor que trabajaba para la agencia. Al final de la transacción no sé si compré el coche porque me gustó o porque me lo vendió aquel maravilloso hombre que me daba sabios consejos hablando con un marcado acento extranjero y con el que compartí grandes conversaciones. Con el paso de las semanas, la confianza creció y también el cariño entre ambos.

Un día me dijo: "Yo tengo muchos nietos, pero hay una en especial que estoy seguro sería compatible contigo. Es mi primera nieta consentida —así la introdujo en la conversación—, con ella comparto muchas cosas…, es una gran mujer y siento que ella y tú podrían tener una historia juntos". Mientras lo escuchaba pensaba que por supuesto quería conocer a la nieta de ese señor. "Sólo que hay un problema", me dijo, "ella no vive en México por el momento." Sentí una terrible impotencia y decepción; sin embargo, guardé la información en ese cajón que tenemos dentro de otro cajón lleno de pendientes que sabes que nunca vas a revisar.

Por otro lado… en mi oficina trabajaba una mujer muy capaz, me caía bien y platicábamos a gusto. Nos fuimos conociendo poco a poco y siempre me contaba de su mejor amiga, me decía que era muy distinta al resto, nada típica. Me comentó que estaba haciendo su maestría en Estados Unidos y que era, en verdad, especial. Una vez me estaba relatando anécdotas que había vivido con ella, la frené y le dije: "A ésa sí la quiero conocer". Mi amiga me dijo que quería presentármela porque creía que seríamos un gran *match* pero que, por otro lado, no me veía aterrizado en una relación seria. Le pedí que en cuanto su amiga visitara México, me avisara para contactarla.

Por *otro* lado… En mi banda de cuates había uno que tenía una cuñada que, en alguna salida en bola, notó que de mi grupo sólo había dos solteros, y comentó que quería presentarnos a una amiga suya que estaba por llegar de viaje. Luego me enteraría de que la cuñada le dijo a la amiga que conocía a dos solteros: "Uno es calmado, sensato, buena onda y muy serio", le dijo. "El otro es un caso… es irreverente, simpático, intenso y rebelde."

La amiga eligió al segundo, pero la cuñada decidió actuar por su cuenta y le presentó al hombre calmado, sensato y serio. De una cena no pasó.

Mi compañera de trabajó llegó un día muy feliz a la oficina porque finalmente su gran amiga llegaba a México. Le recordé que quería salir con ella. Algunos días más tarde, entró a mi oficina y me dejó sobre el escritorio un papel con un número de teléfono. Me miró y me advirtió, señalándome con el dedo: "Mira, cabrón, aquí está su teléfono. Ella sabe que le vas a marcar, pero te digo una cosa: si la tratas mal o la usas, o algo negativo surge de todo esto, te las verás conmigo". Salió de mi oficina y yo me quedé analizando el papel, miraba el número y hacía juegos en mi mente. Combinaba los dígitos del teléfono, sacando resultados que me dieran señales de que esa mujer podría ser "la indicada".

Le llamé esa misma noche. Me cayó bien por teléfono, me gustó que no tuviera la voz chillona de niña bien, me pareció muy *ad hoc* la manera en la que se expresaba. En esa época aún no se detonaba el *boom* de las redes sociales. Los celulares eran más feos, más cuadrados y más simples, no se podía lograr con ellos lo que hoy en día. Así que no sabía cómo se veía, pero esa llamada despertó mi curiosidad por salir con ella; desafortunadamente no íbamos a poder vernos esa semana, entre un viaje mío y su recién adquirido trabajo en *Big Brother*. Quedamos de salir diez días después de la llamada, un vil miércoles de una vil semana común y corriente.

Llegó el día de la cita y la llamé para acordar detalles, ella con una actitud holgada me dijo: "No pases por mí, te veo donde quieras". Le pregunté, para probarla, si no le molestaba en una primera cita ir al cine y después a cenar; me dijo, sin titubeos, que le parecía bien. Su actitud me pareció poco común.

Fuimos a ver una cinta extranjera y al salir nos metimos en una cafetería en donde estuvimos hablando sin parar durante más de tres horas. Al final nos fuimos porque apagaron las luces del restaurante.

La escuché plantear una sinopsis catártica de la película que acabábamos de ver, y me dediqué a prestar más atención de lo que estaba acostumbrado a ponerle a las mujeres con las que salía. Me pareció tan especial y atinada su reflexión acerca de la cinta, que no la interrumpí ni una sola vez, por el contrario, le pedí que siguiera contándome lo que hacía ella en este planeta.

Habló un setenta por ciento del tiempo de la cita, yo le conté algunas cosas de mí, y así nos dieron las tantas de la madrugada. Haciendo un recuento entre plática, cena y cine, llevábamos casi ocho horas juntos. Hacía muuuuuucho tiempo que no tenía una primera salida con esa intensidad y esa inquietud por que llegara la segunda.

La semana que siguió salimos cuatro días de siete; fuimos al teatro, a ver dos películas y a un concierto de rock progresivo que, para mi asombro, le gustó.

El levantamiento de mis cejas crecía debido a la sorpresa, porque me había topado con una mujer atípica que, sin saberlo, me estaba envolviendo en una total intriga. Quería saber de qué estaba hecha.

En uno de los varios restaurantes en los que nos sentamos esa semana a desgastar los asientos con tanta plática y a hacer vibrar las mesas con tanta intensidad, nos dedicamos a filosofar de la vida, y me di cuenta en esa sesión de comida, bebida, cafés e ideas que con ella seguramente emprendería algo nuevo, más duradero, más concreto. Fue uno de esos momentos el que me indicó que la incertidumbre de la crisis de los treinta llegaba a su fin.

Me sentí atraído por su cerebro y por su actitud, la detectaba casi única.

La escuchaba hablar y no quería que se callara, no quería hacer ninguna acotación para que no se detuviera. Normalmente soy yo el que interrumpe y habla de sí mismo sin parar, pero con ella era diferente. En ese momento me di cuenta de que estábamos a punto de comenzar una relación, una de esas que yo nunca de los nuncas había tenido.

El fin de semana se acercaba y yo quería llevarla el sábado a algún lugar especial, a un bar con un entorno distinto, agradable, quería tenerla al aire libre toda para mí. Escogí una terraza en el último piso de un hotel en la colonia Condesa, donde pasamos horas a la intemperie bebiendo y disfrutando de una noche despejada. Lo que no tenía nada de despejada era mi mente, que me inquietaba y me atacaba con pensamientos e indecisiones. Si esa noche la besaba, se acabarían las posibilidades de escapar, como siempre lo hacía. Por otro lado, si no lo hacía, me perdería de mucho sin haberlo intentado siquiera. Al oírla hablar, con un gran fondo como escenografía, mi cabeza me presentaba encrucijadas y me ponía a prueba.

Esa noche salió a la luz que Jessica era la amiga de la cuñada de mi cuate. Resultó que yo era "el rebelde" y ella la mujer que quería conocerme antes de salir con "el serio" de mi grupo.

Seguimos platicando asombrados con la coincidencia y de pronto le pregunté, sin saber por qué, cuál era su segundo apellido. Cuando lo escuché en mi mente se abrió ese cajón de los pendientes no atendidos y brinqué casi gritándole: "¿Tu abuelo es José Raijman?". Me miró con una especie de asombro y espanto y asintió con la cabeza diciendo: "Sí, sí, él es mi abuelo al que, por cierto, adoro. ¿De dónde lo conoces?".

Le conté que hacía un año le había comprado un coche. Me interrumpió y me pregunto incrédula: "¿Tú eras al que mi abuelo me quería presentar?".

A esa mujer que tenía enfrente en aquella terraza, aquella noche al aire libre, la iba a conocer sí o sí, y saliendo de ese bar después de haberla besado, mi vida y mis planes cambiaron para siempre.

# Donde todo comienza

## Jessica

Estaba recargada en el barandal del centro comercial cuando lo vi caminando por el pasillo; era él, no tenía duda.

*Este hombre sí sabe pisar*, pensé. Yo llevaba jeans, un suéter gris de cuello en V y una mascada azul rey. Era mi atuendo favorito. No tenía nada de especial, pero así me sentía realmente cómoda.

Tuvimos un encuentro atropellado, un par de palabras, luego caminamos hacia la entrada del cine. Inmediatamente me formé en la fila de las palomitas, y Sergio se paró a mi lado para advertirme, en tono categórico, que odiaba las interrupciones en el cine, que no toleraba ni siquiera el sonido de las palomitas tronar.

*¡Ups!*, pensé. Yo no sé ver una película sin palomitas.

Le respondí que yo sentía lo mismo, pero que las palomitas en el cine eran imprescindibles. Una vez en la sala, fui extremadamente consciente de no hacer ruido con la bolsa; sin embargo, cuando las palomitas entran en la boca es imposible evitar el tronadero. Así que decidí, de una manera muy *asertiva*, chuparlas primero para evitar el ruido. Nunca había disfrutado tan poco de unas palomitas en mi vida.

Después del cine fuimos a cenar a Sanborns. Durante dos horas nos quejamos de todo y de todos: de la comunidad judía en México, de México, de nuestras familias, de nuestros amigos, del gobierno, del servicio, y llegamos a la conclusión de que todos eran unos idiotas. Salvo por nosotros, obviamente; nosotros sí sabíamos lo que se tenía que hacer y cuál era el comportamiento adecuado en cada situación. Éramos unos incomprendidos sociales.

Por fin había encontrado a un tipo inteligente y simpático que entendía perfectamente bien por qué me costaba tanto trabajo relacionarme. Además, era judío, como yo, y eso le daba un gran plus, porque entendía de dónde venía yo sin que le tuviera que explicar nada.

En esos primeros días adorábamos ir al cine juntos, había fines de semana en los que veíamos seis películas. Entrábamos en una especie de trance y nos poníamos histéricos con los que se sentaban a nuestro alrededor y hablaban a la mitad de la cinta. Nuestro odio a ese tipo de gente nos unió hasta los huesos, porque nos tomábamos muy en serio esa falta de respeto.

Sergio es un tipo de 1.83 metros, corpulento, fuerte e irreverente, a quien los convencionalismos sociales lo tienen sin cuidado. Su comodidad es una condición máxima en la vida. Si no tiene que ponerse pantalones, usa pants. Arreglarse la barba o cortarse el pelo son actividades que no hará a menos que el calor en la calle sea insoportable o que esté pasando por una peluquería y tenga tiempo para perder.

Dicen que cuando alguien no le pone cuidado a su arreglo personal tiene que ver con depresión o con desinterés en arreglarse para su pareja. Pero a mí me daba risa la actitud de Sergio. Encontraba refrescante estar con alguien que fuera tanto o más rebelde que yo, y que no le importara lo que pensaran de él. A veces me daba curiosidad si su "rebeldía" era honesta o si tenía otros motivos para actuar como lo hacía.

Su desprendimiento de los convencionalismos me regaló una libertad que nunca antes había experimentado. Podía ser todo lo intensa que quisiera sin sentirme juzgada, me podía clavar horas hablando de una película o de un libro. Y cuando digo horas, no es una exageración. Sergio y yo nos quedábamos hasta la madrugada platicando y escuchando música. Descubrir esa pasión me llevó a mundos desconocidos. Yo le platicaba de literatura, él de música, y nuestras almas se encontraban en ese espacio que existe en la creación.

Corrieron las semanas y yo empezaba a preocuparme por que nuestra relación no pasaba de la amistad. Varias veces estuve a punto de preguntarle lo que quería conmigo; me llenaba de valor, pero a la mera hora me echaba para atrás. Ya llegaría un mejor momento, pensaba.

Una noche, afuera de mi casa, nos bajamos a fumar el último cigarro de la noche. Estábamos hablando de películas como siempre; de pronto, me tomó de las solapas del saco y me jaló hacia él. Me plantó a unos milímetros de su cara. Yo sentí que las rodillas dejaban de sostenerme y que mis huesos se convertían en azúcar. No sé qué me mantuvo de pie. Mi respiración se aceleró y seguramente me puse roja, toda la sangre de mi cuerpo estaba concentrada en mi cara. Me preocupó que se diera cuenta de que temblaba o que notara que mi corazón latía a través de la tela de la playera.

Él seguía hablando, pero yo ya no lo escuchaba. Me soltó las solapas y yo me quedé petrificada; de pronto me di cuenta de que no estaba respirando y jalé aire a mis pulmones como cuando sales del agua después de dar un gran chapuzón.

Nos quedamos en silencio. Ninguno de los dos quería regalarle ese momento al tiempo, no queríamos que se fuera.

Le dije que estaríamos en contacto mientras me acercaba para darle un beso en la mejilla; entonces me agarró de la cintura, giró la cabeza un poco y me dio un beso en la comisura de la boca que me dejó derretida. Me dejó a la mitad, con un beso partido que decía "quiero contigo, pero primero te voy a volver loca de deseo", y lo logró.

Esa noche no pude dormir pensando en su mano firme sobre mi cintura y ese medio beso calculado que pasó demasiado pronto para que luego lo pudiera recordar con exactitud. Eso es lo que pasa cuando se es actor de una escena que se quiere contemplar. Cuando te suceden las cosas, hay muchos factores rondando. Yo no quería que el guardia de mi casa nos viera, y también estaba pendiente de mi familia, mis pensamientos me fulminaban sin piedad.

Esa noche subí a mi casa, a mi cama, al dulce espacio del recuerdo, en donde repetí la escena miles de veces, en cámara lenta y repitiendo ese beso a medias, dándome espacio para percibir su olor, su cercanía. Repasando su mano sobre mi cintura, dejé que la memoria me llevara por esos deliciosos rincones que provocaban que el estómago se comprimiera de nuevo con cada pensamiento nuevo que me llevaba a ese lugar.

El baile de la seducción duró un par de días más y valió la pena. Anticipar lo inevitable impide que se cumpla hasta que algo sucede. Mientras, la espera se convierte en un baile que ronda entre lo excitante y lo angustioso. Mis amigas me decían que era obvio que estaba interesado en mí, pero yo no estaba tan segura.

Un día le pregunté si nos veíamos al día siguiente y me respondió:

—Te quiero ver mañana y pasado mañana y el día que sigue y el que sigue.

Me acercó hacia él y me dio un beso completo y contundente que me quitó todas las incertidumbres.


La primera vez que fuimos a Las Vegas fue a pesar mío. Yo era una literata hippie y estaba en contra de todo lo que representaba ese lugar de desperdicio y exceso de luz; sin embargo, para Sergio era un templo. Así que cedí y nos fuimos allá. Llegar de noche a esa mancha de luz en medio del desierto es muy impresionante. Las magnitudes, la iluminación y la gente… no tienen proporciones normales.

En el aeropuerto rentamos un coche y nos fuimos al hotel. En pocas horas teníamos el concierto de Daryl Hall y John Oates en la alberca del Mandalay Bay, así que paramos en un Seven Eleven a comprar algo de comer. Cada uno se fue por un pasillo diferente y cuando llegamos a la caja, nos morimos de la risa porque traíamos en las manos las mismas porquerías: leches de sabores, papas fritas y chocolates. No había duda: Sergio era mi complemento, mi media naranja. Éramos un par de atascados. Nos tragamos nuestros "placeres culpables" en el coche y nos fuimos al concierto.

Llegamos temprano, fuimos de los primeros en la fila. En cuanto nos dejaron entrar, nos quitamos los zapatos, arremangamos nuestros pantalones y nos acomodamos hasta adelante para disfrutar de esas melodías que canté durante toda mi adolescencia, sin tener idea de quién las interpretaba.

Al salir fuimos a uno de los buffets del hotel. Jamás había visto tantas versiones de patas de cangrejo, pescados y camarones. Ensaladas, pollos, carnes, arroces, estofados... en fin, un desfile de alimentos que podría haber alimentado aldeas enteras.

Sergio se metió por la salida al restaurante y, sin preguntar, se sentó en una mesa. Yo me quedé perpleja sin saber qué hacer...

—¿Qué te pasa? —le reclamé.

—Mira todo el lugar que hay... es ridículo que tengan a la gente formada.

—Yo no puedo hacer eso, me voy a regresar a la fila —respondí molesta.

Después de estar parada un cuarto de hora, me acerqué a la mesa —Sergio ya estaba comiendo— y sin decir nada, me senté.

Sergio no se regía por ninguna regla: la caballerosidad, la educación y la consideración eran para él sugerencias que no tenían ningún sentido en su cerebro.

Cada vez que transgredía alguna norma, me enojaba con él y lo aleccionaba. Tarde me daría cuenta de la pérdida de energía y de tiempo que me costaba darle esos sermones; él siguió haciendo lo que quiso y yo seguí haciendo corajes. Tengo que decir que la técnica que usaba era muy buena: me decía que sí a todo y luego hacía lo que se le daba la gana. Mis palabras eran simples zumbidos en sus oídos.

Antes de él solía aburrirme con mis parejas, siempre acababa por sentir hastío, un hartazgo que me hacía pensar que el novio en turno no era *el elegido*. Pero con Sergio era imposible aburrirme ni un minuto: él era enorme, y no por su altura o su corpulencia. Su energía era interminable, expansible, no tenía fin.

Muchas veces, en México, me ponía canciones de rock progresivo que yo no conocía y roqueábamos juntos toda la noche.

Sergio le solía pedir a los empleados de los restaurantes que cambiaran la canción que sonaba, porque él no toleraba estar en un lugar con "mala música". Sus excentricidades me divertían y mantenían mi mente ocupada.

Su personalidad no dejaba de sorprenderme: decía todo lo que pensaba sin aplicar el filtro que los humanos usamos ordinariamente para no ofender y para relacionarnos. Sin embargo, tenía muchos amigos y la gente en su oficina lo quería.

Con él, además, siempre había algún tipo de drama; si no era que debía 500 mil pesos, era una llanta ponchada o un boleto de avión perdido. Todas eran situaciones que generaban que los músculos de mi cuerpo se tensaran hasta casi reventar. Me hartaba de él y pensaba en terminar cuando de pronto descubríamos juntos huecos maravillosos perdidos en el mundo.

Una vez fuimos a un concierto masivo en Sugar Land, Texas. Era una feria de pueblo en la que iban a estar Bruce

Springsteen, REO Speedwagon, Journey, Eagles, Stevie Nicks… Su amigo Hop y yo éramos sus *groupies*. Llegamos a Houston, rentamos un coche y manejamos. Supuestamente estábamos a seis horas del lugar, pero pasaron las seis horas y no parecía que estuviéramos cerca de nada. Luego comenzó a llover y el cielo se oscureció. Me quedé dormida no sé cuánto tiempo, y cuando desperté, miré el parabrisas lleno de chicles pegados… Al parecer el hastío, la desesperación y el exceso de tiempo en manos de esos dos individuos los hizo idear un juego que involucraba chicles, el parabrisas y un tiro parabólico desde la boca de los participantes. Amablemente me invitaron a jugar, pero la decencia me impidió formar parte de ese asqueroso desastre. En vez, me puse a observar el paisaje. Curiosamente sentía que habíamos retrocedido varias décadas en el tiempo.

Finalmente llegamos a un hotel en una calle desértica. Sentí un poco de miedo hasta que vi la cara de Sergio: a él no le importaba lo intimidante del paisaje ni que el escenario fuera idéntico al de cualquier película de Hitchcock.

Al otro día nos fuimos a la feria donde iba a ser el concierto. La gente estaba vestida con botas vaqueras, cinturones con hebillas de metal gruesas, camisas a cuadros y sombreros, y hablaba con un acento marcadamente texano. Compramos unos hot dogs y caminamos por los puestos que rodeaban el estadio.

Ese viaje en el tiempo no necesitó de una máquina; sin embargo, me regaló un respiro de mi mundo. Mi fascinación creció conforme avanzábamos. Los cortes de pelo, los vestidos de las señoras, las carriolas, incluso el cielo y el pasto parecían distintos en ese lugar.

El concierto —que duraría diez horas— empezó. Nos sentamos en las gradas y después de algunos momentos salió Eagles a cantar "The Last Resort". Sergio se levantó de la silla y empezó a cantar la letra quedito: cerró los ojos y se le enchinó la piel mientras su cuerpo se movía al ritmo de la melodía, era como si estuviera poseído por las notas y por lo que lo hacían sentir. Era el sentimiento melómano más puro que jamás había yo visto. A Sergio la música lo invade, lo conquista, se lo roba. Es como un viaje en el que se monta, que lo va alejando de la realidad y lo deposita en otra, en una que nadie conoce, sólo él. Después de unas horas y de sentir que esa noche no terminaría jamás, entré en un trance y me dejé ir en el momento, en la música. Todo lo demás se fue.

En algún momento salió un grupo que no conocía, así que me fui a dar una vuelta afuera del estadio. Me quedé alucinada con la gente que miraba pasar, me inventaba sus historias y sus futuros. Cuando me aburrí me fui a los puestos donde me compré un elote —eran los mejores elotes asados del mundo— y una cerveza de barril que la servían en vasos de cuatro litros. Regresé a nuestros lugares y me pasé el resto del concierto entre el baño, las gradas y los puestos de comida.

En ese viaje sentí que Sergio y yo estábamos formando una historia contundente y sólida. Nuestra relación no tenía ningún lugar común y esa idea me hacía sonreír. Los meses pasaron y Sergio era cada vez más parte de mi vida. La adrenalina con él era constante; todo a su alrededor era un evento inusual.

Seguimos persiguiendo conciertos por el mundo, principalmente en Estados Unidos, por la cercanía y la concentración de artistas. Nos íbamos a los lugares más remotos a escuchar bandas de rock tradicional y progresivo. Me uní a la mafia detrás de esos eventos. Conseguir los boletos, llegar a los destinos, buscar a sus amigos fanáticos para lograr ver a varios artistas en un mismo fin de semana, acudir a lugares recónditos en coches rentados, soportar el frío dentro de los coches rentados y compartir carreteras con Sergio y sus amigos… Todo era prisa: volábamos, comíamos, cantábamos, brincábamos, regresábamos a México, y un par de días después, la operación se repetía.

En una ocasión, en Nueva York, casi meten a la cárcel a Sergio por tratar de comprar boletos de un revendedor para ver a U2 en el Madison Square Garden. La imagen de ese evento que aún guardo en la memoria es la cara de Sergio parado frente a un policía: no se veía ni un atisbo de miedo ni de intimidación en la expresión de mi galán. Yo creo que el temor lo guarda en otro lado y no se le nota como a la mayoría de la gente.

No me considero una persona que se rige por el "qué dirán", pero hay una educación básica que se debe mostrar para el bien convivir. Sergio no conoce de eso, las convenciones sociales le valen gorro y la gente —desconocida y conocida— también. Una tarde íbamos a comer con su familia a un restaurante en el Centro. Había mucho tráfico porque algunas calles estaban cerradas, y la solución que encontró fue subirse a la banqueta para librar a los carros. Yo comencé a gritar como loca, amenazándolo con que terminaríamos en la cárcel o matando a algún pobre transeúnte. Cuando vi que mis advertencias no provocaban reacción en él, me bajé del coche, aventé la puerta y me fui caminando al restaurante.

¿Por qué no lo mandé a volar en ese preciso momento?

30

Porque, como dirían los gringos: *it takes one to know one.*

Si él estaba *lurias*, yo también tenía lo mío.

Después de varios meses de salir juntos, llegó la boda de mi hermanita, ocho años menor que yo, y por más que traté de evitarlo, no conseguía dejar de pensar en mí como "la quedada". ¿Cómo le haría para que la gente no se diera cuenta de que me sentía así? Y a mí, ¿qué me importaba lo que pensaran los demás? Pero sí me importaba. Así que elegí un vestido negro con vino entallado y un peinado alborotado y moderno que no me anunciara como la ruca quedada que no saldría ni en rifa.

Intenté tranquilizar a la conciencia recordando que siempre había tenido novios y que mi primer pretendiente me había propuesto matrimonio, pero yo había salido corriendo. Me miraba en el espejo para convencerme de que era guapa e inteligente y que yo quería otras cosas en la vida, pero nada de eso funcionó.

El día del evento, cuando nos tomaron una foto a mi hermana y a mí, pensé: la novia y la quedada. Desfilé en el templo en medio de mis hermanos... pinche pasillo eterno. Podía escuchar el cotilleo de las señoras chismosas:

—Ésa es la hermana mayor, ¿verdad?

—Sí, le lleva muchísimos años a la novia, ¡pobre!

Las luces de la pista provocaron destellos de futuro. El humo que generaba el hielo seco formaba números que me atacaban. Si quería casarme y tener hijos ése era el momento, y mi mente me dio una fórmula sencilla:

Estaba en el límite de los tiempos para que eso sucediera. Si me tardaba un poco más, no la libraría, y para acabarla de chingar, mi ginecólogo me había advertido los problemas que podría tener si me embarazaba después de los treinta y cinco.

Todo estaba bajo control, pensé, y no me di cuenta de que perdí la supuesta libertad por la que había luchado tanto. Esa tan añorada libertad se me esfumó en las matemáticas de la biología del cuerpo, en las hormonas y en el temor de perder la paciencia para educar niños.

De pronto me sacaron de mis cavilaciones los primeros acordes de "Sergio el bailador", giré hacia donde estaba mi novio y vi que mi familia daba vueltas a su alrededor mientras él los miraba desesperado. Observando la escena desde la distancia, pensé: "Ahí está mi destino, ése es el hombre que va a evitar que se me escapen el matrimonio y los hijos".

# Mi guarida

## Sergio

Así como Batman no permite que nadie entre a su baticueva ni sepa dónde se ubica, así cuidaba yo de mi departamento de soltero, con singular y clandestina ubicación. Sólo algunos amigos lo visitaban de vez en vez, pero sin novias ni parejas. Mi familia conocía mi guarida, pero tampoco la frecuentaba.

Cuando estoy acompañado prefiero pasar el tiempo en otros lados, en cualquier lado que no sea mi guarida. Mi guarida soy yo, y a mí no me gusta exponer las entrañas. En mi departamento estoy solo, y únicamente es bienvenida la señora que me ayuda con la limpieza. Ella es mi Alfred, me salva haciéndome parecer un tipo normal. Tiene años trabajando conmigo de entrada por salida, y gracias al cielo que existe, porque sin ella mi baticueva no hubiese sido digna ni de mí mismo. Soy un desorganizado-organizado. Tengo una montaña de ropa sobre otra pila de papeles, montones de discos y de películas regados, pero sé exactamente dónde están mis cosas.

Disfruto estar a oscuras en las noches, solo, contemplando los foquitos de varios colores provenientes de mis aparatos de audio y video. Me gusta la sensación del frío cortándome sutilmente la piel, mientras escucho una canción que me transporta a otro lugar. Mi casa es mi guarida, mi cueva, y me sigue gustando existir en un lugar de paredes gélidas, donde los pocos cubiertos con los que parto mis alimentos se quedan congelados hasta que la señora me socorre el día que le toca regresar.

De pronto, y sin sentir que todo está a punto de cambiar, entra una tal Jessica en mi vida. Las cosas parecen avanzar, ya no son saliditas sin importancia, ya no es algo nuevo con una mujer que será siempre eso, "algo nuevo". No: Jessica se convertiría, sin darme cuenta, en algo viejo, en algo estable, en una historia real. Cada vez me vinculo más con la capitana de mi nueva rutina, la gobernante de mis horas libres. Jessica está próxima a conquistar mi guarida. Mi baticueva dejará de ser oscura y fría, entrarán otros muebles y adornos ajenos a mí. Perderé la seguridad de caminar a oscuras porque ya no dominaré mis espacios.

Estoy a punto de ser invadido, ¿siento miedo? Sí, claro que sí. Es una sensación extraña, algo *sui generis* nunca antes experimentado. Una fuerza extraña que me empuja hacia la total incertidumbre y, sin embargo, paradójicamente también me siento tranquilo, tal vez hasta emocionado, pues mi sensación de soledad y mi idea de crisis se extinguen ante mis ojos, poco a poco. ¿El miedo que siento será de anticipación?

Un día Jessica me aborda con semblante acusador y mirada demandante. Quiere abrir el tema de vivir juntos. Yo no entiendo por qué, si tenemos una relación tan buena que fluye de maravilla… somos imparables. La empatía aumenta con cada película que vemos, con cada plática de literatura, con cada canción que escuchamos, con cada salida, y después de cada fin de semana la relación se fortalece y se enriquece. Siento cosas por ella, por supuesto, disfruto verla, y al despedirnos cada noche la pienso durante las horas que no está conmigo, pero no sé si quiero que se traspase la propiedad privada de mi libertad.

El comentario de mi novia me toma por sorpresa; sin embargo, a eso se dedican las mujeres, quieren que adivinemos lo que desean, lo que están pensando, quieren no tener que exponer nada y que la pareja les llegue con lo que anhelan en una bandeja. Pero eso lo descubriré más adelante.

Cuando Jessica me dice que quiere vivir conmigo espera algún tipo de efusividad de mi parte. Mide mis palabras con filtros desconocidos y misteriosos para mí. No entiendo lo que espera de alguien tan independiente como yo, al que las parejas le duran lo mismo que las entregas de una tintorería.

¡Por supuesto que estoy sorprendido! No tengo cómo responderle de acuerdo con sus expectativas. Su primer intento falla, mi reacción no es la que espera, así que cambia el tema en un afán por salvar su dignidad y yo le sigo la corriente.

Pasan cuatro días hasta que una noche, entre semana, estamos cenando unos tacos, y de pronto, de la nada —como es su costumbre—, interrumpe la conversación y me dice imperativamente: quiero que vivamos juntos.

Me detengo a pensar la respuesta, para evitar decir algo que la encienda y me afecte de por vida; respondo: "Sí, sí, eso suena de lujo".

*¡Qué bueno que no se quiere casar antes de probar el amasiato!*, pienso. Ahondo en el tema, ella siente complicidad y su cara se

relaja, deja de fruncir el entrecejo y yo, estratégicamente, llamo al gerente para pedirle la cuenta. Necesito ganar tiempo, evadir el tema, pero todavía falta el recorrido en el coche para llevarla de regreso a *su* casa.

Me meto al baño de la taquería para llamar a un amigo y pedirle que me marque en trece minutos. Salimos del restaurante, nos metemos en el auto, pongo mi música, arranco y, al girar para dar vuelta a la cuadra, Jessica abre la boca para empezar a hablar, y justo en ese momento llama mi amigo. Es una conversación salvadora.

Cuando llegamos al portal de casa de Jessica me despido de mi amigo. Ella toma aire, pero la interrumpo: "Mañana seguimos, por fa, tengo cita a las ocho de la mañana". Ella se baja pensando seguramente: "Qué más da… le voy a dar una indulgencia de veinticuatro horas a este cobarde".

Al siguiente día la llamo por la tarde e invento algún pretexto para no verla; es la primera pelea que tenemos mi futura esposa y yo. Le digo que saldré tarde de la oficina porque estamos en el cierre de la revista y que no podremos reunirnos, pienso que eso será suficiente para evadir el tema de la vivienda compartida. No preveo que estoy a unos segundos de recibir la regañiza de mi vida. ¡Cómo le gusta discutir por teléfono!

—Sergio, es increíble que no tengas tiempo de atender lo que es importante para mí, quiero que me digas qué opinas y qué pretendes. Estoy bajando la guardia para decirte que quiero que vivamos juntos y me evades, no se vale…

—Tranquila, Jessica —respondo en tono conciliatorio—, claro que lo vamos a discutir en vivo, pero tú sabes cómo son los cierres de la revista y no te voy a sacar de tu casa a las dos de la madrugada cuando salga de la oficina. Mañana seguimos.

¿A quién engaño? Esa plática no la puedo postergar mucho más tiempo. La tarde siguiente paso por ella. Me recibe con un semblante de felicidad y me cuenta lo bien que le fue en el día. Me dice que se muere por ir al cine a ver una película que le recomendaron, me dice el título, pero no le presto atención… Me dirijo al cine, vemos la cinta, ella come palomitas y no tocamos otros temas más que el de su trabajo. Pasan la noche y las horas. De pronto estoy sentado en mi sillón, después de una salida sin pláticas de vivir juntos, y así logro un día más de paz, de no tener que decirle adiós al volumen de mi música, a mi clima ni a mi silencio.

Cae el viernes y con él cae también mi defensa. Son las 20 horas con 37 minutos, llegamos a un restaurante que me fascina, hoy no tuve tiempo de comer. Soy de los que se avientan un clavado a la vorágine del trabajo y como, además de desorganizado, soy intenso, se me van las cabras. Ese día llego con mucha hambre y ganas de pasar un buen rato.

Tengo una vida plena, más que plena, glamorosa. Soy un tipo de treinta años, director de una revista de cine, fruto de mi creación, en la que escribo, edito, produzco y vendo. Es ahí donde uno mis dos amores: el cine y la música.

Mis días están llenos de entrevistas a artistas de Hollywood, juntas con los estudios de cine y negociaciones de publicidad con las mejores marcas. Siempre hay más trabajo que horas en el día. Tengo mi *depa* de soltero y viajo mucho. ¿Quién en su sano juicio cometería el error de meter en su guarida a una invasora? Por más cariño que le tenga… Sin embargo, mis horas se agotan y esa noche, en ese restaurante, en esa cena, en esa mesa, esa mujer que me ha acompañado cuatrocientas noches, con la que he viajado, reído y llorado, está por ponerme un ultimátum…

—Sergio, escucha bien lo que te voy a decir —comenzó— y tómalo con la seriedad necesaria, por favor. Llevamos casi dos años juntos, tenemos muchas cosas en común y nos queremos. Hablamos el mismo idioma, etcétera, etcétera —sí: dijo "etcétera"—. Quiero vivir contigo, no tengo nada más que descubrir, estamos en la edad ideal para unir nuestros caminos. No es amenaza —sí lo es—: tienes de hoy al martes para pensar las cosas, no te obligo a que aceptes, pero te obligo a que no me tengas así. El próximo martes cuando pases por mí, te ruego me des una respuesta para yo definir lo que voy a hacer de mi vida. Si la respuesta es no, créeme que me llevo maravillosos recuerdos de ti, de nosotros y de esto. *No hard feelings*.

En mi mente pasan escenas de películas de terror, aunadas a otras cursis, junto con otras de maremotos y culminaciones épicas. Mi tiempo se ha cumplido, no más libertad, no más escribir: "Estado: soltero".

Si se mete esta mujer a mi casa, no la sacaré nunca. Me engaño a mí mismo porque estoy feliz con ella, sorprendido de estar en una relación positiva y real. Me siento ilusionado, pero soy demasiado cobarde para darle el sí. Nunca he estado tan bloqueado para pronunciar las palabras que quiero decir. Acepto el ultimátum y el cronómetro comienza a correr, tengo este fin de semana para estar en paz y encerrarme en mi baticueva. Quiero vivir todo lo que me falta, quiero escapar, pero en realidad, sólo suelto patadas de ahogado, gritos de desesperación. Tengo que dar un paso más para convertirme en un hombre íntegro que dejará de ser embustero y de engañar a las mujeres y a sí mismo. Ya no quiero vivir solo, quiero compartir mis ronquidos con una mujer, y Jessica es la indicada.

Amanezco el martes, estoy relajado y entusiasmado por mi respuesta, aunque no puedo negar que ambas opciones me tienen tentado. Es muy atractiva la idea de volver a ser libre, de regresar a mis anteriores logísticas, pero, por otro lado, qué novedad tan especial y alentadora la idea de compartir con alguien... y no tener que despedirnos cada noche. ¡Qué emocionante resulta el concepto de sentir a diario que estamos en un viaje juntos! Porque en los viajes, nunca lo negaré, la pasamos de lujo, han sido momentos inolvidables.

Paso por ella y nos vamos al lobby de uno de esos hoteles en Polanco donde suelo sentarme y sentir que estoy de vacaciones, libre. En esos sitios soy muy feliz, pongo atención a los detalles: tienen todo lo que me gusta, sillones cómodos, espacios amplios entre las mesitas, en las que no sientes que estás encima del tipo de al lado. Ponen música que nadie escucha, pero que mi educado oído percibe, música de mi estilo. La gente desfila y ofrece un show único. Hay botana y más de cuatro tipos de whiskies con los que puedes jugar. Es el lugar perfecto para una plática que tiene que ser perfecta.

En cuanto nos sentamos, tomo la palabra y le digo lo que pienso y lo que quiero, en sus ojos adivino las ganas que tiene de sonreír y de interrumpirme. Le doro la píldora y le hago sentir que todo estará bien, le prometo que pronto le pondré una alfombra roja para darle la bienvenida a mi casa. Le digo también que en ese particular momento no estoy listo, que no puedo dar ese paso aún; sin embargo, y con toda autenticidad, le explico cómo me siento con ella y lo que planeo para ambos. Le confieso desde un lugar honesto que nunca antes me había sentido así y que no quiero terminar la relación. Sólo le pido un tiempo extra, un periodo más en soledad: para entender que me va a cambiar la vida por completo, necesito hacer catarsis.

—Pronto te diré: "Ven, aquí está la copia de tus llaves".

Jessica responde que ahora es ella quien tiene que pensar y esconder la cabeza debajo de su almohada por dos noches. Estaba segura de que yo diría que sí.

Después de unos días me advierte que tengo seis meses de prórroga. Esa noche siento que me liberaron como se libera a un perro que está amarrado al tubo de la entrada de un supermercado. Duermo pleno, ocho horas corridas, sin apretar los dientes, tengo el control y lo mejor de los dos mundos: mi independencia que estaba por agonizar, y a ella como novia.

A veces, sin saber, perdemos más de lo que ganamos. Jessica no entiende lo contento que estoy con ella. Estoy cambiando lentamente, le estoy agarrando el gusto a estar con alguien, en una entrega genuina. Tengo a mi lado, pero en su casa, a una mujer brillante, auténtica, independiente, guerrera, atractiva, chapada a la antigua en cosas positivas y moderna en otras, capaz, decidida y noble. Es casi perfecta.

Jessica encuentra un minidepartamento a unas cuadras del mío; pienso que lo hace para espiarme o de alguna manera ponerme un control de acceso obligado. Es un lugar al que yo nunca me hubiera cambiado, pero ella siempre ha sido precipitada y arrebatada, así que firma el contrato desde el despecho. La conozco bien: lo que la empuja a hacerlo es el enojo que siente por mi indecisión frente a vivir juntos. La tinta con la que firma es, sin duda, la impetuosa y exasperada necesidad de salirse de casa de sus padres después de tantos años. Yo, por mi lado, en cualquier otra circunstancia, y como no me callo nada, le hubiera dicho: "No lo tomes, es una pocilga". Pero no estoy en condiciones de abrir la boca. Tengo los dedos cruzados para que, con rapidez, se mude a ese lugar y me deje disfrutar un rato más mi baticueva.

El egoísmo reina sobre mi eje central, junto con una ceguera que no me permite ser una mejor pareja. Afortunadamente gano unos meses, menos de los seis prometidos de inicio, porque gracias a un desgraciado e infeliz alacrán, mi suerte y mi fantasía de libertad están prontos a ser vencidos.

Desde antes odiaba a los insectos y otros bichos. Pero hoy cazo a los alacranes con una enorme sed de venganza por culpa de aquel que se atrevió a correr a mi novia de su departamento y empujarla al mío. En definitiva, los escorpiones nunca traen nada bueno.

# El escorpión

## Jessica

La vida siguió después de la boda de mi hermana, y yo sentía una presión tremenda que crecía con furia y gran velocidad y que no podía compartir con nadie. Mis amigos estaban orgullosos de la historia que me había inventado acerca de que el matrimonio de mi hermana no me había afectado para nada. ¿A quién podía contarle la verdad? ¿Con quién confesarme para admitir que, en efecto y con muchísima vergüenza, me sentía *quedada*? Me daba pena aceptar que con la trayectoria de rebeldía que llevaba a cuestas, al final del día resultaba ser una más del montón de mujeres que deseaba casarse, y de preferencia, antes que la hermana ocho años menor.

Me repetía hasta el cansancio que era fuerte y que estaba por encima de las reglas de la sociedad y de mi comunidad. En realidad no podía revelar las angustias que me atormentaban, pues eso denotaría mi baja autoestima y me obligaría a mostrar una cara de la que no estaba orgullosa. Busqué una sicóloga para contarle mi verdad, pero ni siquiera con ella logré sincerarme. Me gustaba la historia que inventé acerca de mí misma y que pretendía en algún momento vivir dentro de los zapatos que hormé en mi imaginación.

Al terminar mi maestría en Providence, Rhode Island, me ofrecieron un puesto en el departamento de italiano de una escuela. El puesto seguía siendo mío si lo quería, me dijo la coordinadora cuando le marqué para tantear terreno. Me podía ir de México, de mi relación con Sergio y de mi pasado. Delante de mí se abrieron las puertas de dos destinos diametralmente opuestos, pero no tenía ganas de decidir, así que dejé que el tiempo pasara y que el futuro me alcanzara en vez de perseguirlo.

Mi trabajo en *Big Brother* era entretenido, y ganaba bien. Después de unos meses ahí, decidí que era tiempo de vivir sola. Le comenté la idea a Sergio, con la intención de que me propusiera hacerlo juntos en el departamento que yo le había conseguido a través de una conocida mía y en el que me pasé horas esperando al plomero, al electricista, al pintor y al casero, para que quedara como él lo quería.

Le eché varias indirectas pero él, con maestría, evadió todas. Cuando Sergio se quiere salir con la suya, habla y habla y habla, hasta que su interlocutor queda prácticamente en coma mental, ya no tiene idea del tema de la conversación, ni del punto original: vamos, ya no tiene idea ni de cómo se llama. Yo conocía esa estrategia a la perfección, así que fui cuidadosa para que no me la aplicara, sin embargo, no estaba dispuesta a ser yo quien sugiriera vivir juntos. Así que se pasó la noche y la propuesta nunca llegó.

Encontré un espacio, porque a eso no se le podía llamar departamento, en una casa vieja de las Lomas. La señora, luego me enteraría, había enviudado. El difunto le dejó en herencia la casa donde vivía. La viuda no sabía hacer nada, pues se había dedicado a su marido y a sus hijos, así que, sin consultar a nadie, dividió la propiedad y construyó cinco cuartos, aprovechando todos los espacios libres. Era un lugar espantoso, podía imaginarme a la mujer diciéndole al maestro de obras: "Mire, aquí cabe otro cuartito, con que quepa una cama, una tarja y un baño ya la hicimos".

El hoyo que renté estaba al lado del estacionamiento y era decrépito, su único atractivo era el precio. De todos los departamentos que había visto, era el único para el que me alcanzaba. Era un agujero oscuro con dos ventanas muy angostas que no se abrían por completo y por las que no entraba ni un rayo de luz. Había espacio para una cama individual que pegué contra la pared. Enfrente puse una mesa de aluminio de Corona y dos sillas. El clóset era una barra transversal detenida por un par de clavos y una cortina que cubría las cinco prendas que podía sostener el tubo. El baño era ridículamente pequeño, la regadera estaba justo arriba del escusado y no tenía pendiente para que el agua no se saliera hacia el interior de la recámara. La cocina constaba de una tarja y una estufa pequeña sobrepuesta en un mueble con unos gabinetes debajo.

La tarde en la que me mudé, invité a tres amigas —no cabían más— a estrenar mi supuesto departamento. Cada que alguna hacía un movimiento chocaba con algo o con alguien, estábamos sentadas en la cama a la luz de un foco que pendía de un cable en el techo. Brindamos por la independencia y la libertad, por las mujeres fuertes que tienen ideales y están dispuestas a luchar por ellos.

Quién iba a decir que me tragaría todas esas palabras unos días después.

—¡Qué horror! Este lugar está espantoso, yo no viviría acá jamás —fue lo que dijo Sergio apenas entró.

—Yo tampoco viviría acá si tuviera otra opción, güey —contesté con el orgullo poco herido, pues estaba acostumbrada a que hiciera ese tipo de comentarios.

Sergio miró el departamento y me suplicó que cenáramos fuera, pues no podía estar ni un segundo más ahí dentro.

Una mañana, como cualquier otra, sonó el despertador a las 6:30. Abrí los ojos. Me tomó unos segundos enfocar al enorme alacrán negro que descansaba en el centro de mi pecho. Levanté un poco la cabeza para cerciorarme de que no fuera una sombra. Cuando corroboré que, en efecto, se trataba de un escorpión, brinqué de la cama y llegué, sin saber cómo, al otro extremo del cuarto. Me agité dando unos saltos histéricos, no podía dejar de gritar ni de moverme. Sacudí la cabeza frenéticamente junto con los brazos y las piernas. Luego abrí mucho los ojos y miré alrededor. Todo mi cuerpo me daba señales de que el alacrán seguía encima de mí, pero no lo veía por ningún lado.

Me metí a bañar para quitarme la ropa y ver si salía el bicho de algún sitio. Empapada, en toalla y con la paranoia que me informaba que todavía traía encima al que seguramente sería el autor de mi muerte, llamé a Sergio, que ya estaba en el trabajo y no podía salirse.

—Güey, ayúdame, estoy petrificada, no me puedo mover. Trato de tomar mi ropa, pero siento que el alacrán me va a saltar.

—Cálmate, acuérdate que los alacranes, mientras más oscuros y más grandes, menos peligrosos.

—¡Ah, qué chingón! Trataré de tenerlo en cuenta —dije en tono sarcástico y colgué el teléfono.

Unos minutos después llamó para decirme que los fumigadores estaban en camino para eliminar la plaga, así que salí a la calle en pijama a esperar a los señores. Una vez que llegaron, aplicaron el veneno y me dijeron que los bichos empezarían a aparecer muertos en algunas horas, y que no me preocupara si seguían saliendo después de unos días. Me explicaron que ésa era zona de alacranes, y que, aunque no eran peligrosos, me recomendaban tener un kit antipicaduras en la casa.

Me fui a trabajar sin dejar de sentir comezón por todo el cuerpo. Cuando pensaba en regresar me asaltaba una imagen en la que los bichos, que seguramente estarían esperando a que volviera, me devorarían. Malditas películas de artrópodos gigantes con conciencias de asesinos. Intenté racionalizar el miedo, pero fue inútil. Al llegar a casa, giré la cerradura con cautela y metí la mano antes que el cuerpo, para prender la luz; abrí la puerta lentamente y fui asomando la cabeza poco a poco. No había nada colgando del techo, tampoco trepando las paredes. Suspiré y recordé que yo era una mujer fuerte e independiente y que todo estaba bien.

Miré de reojo la tarja del baño y vi una viuda negra muerta en la coladera. Otro grito, más temblorina y ahora sí, no intenté contener las lágrimas ni las groserías.

Tomé la bolsa y las llaves del carro, y salí rumbo a casa de Sergio. Toqué el timbre como loca. Después de unos instantes, abrió la puerta sonriente y en pijama.

—¿Qué onda, Chirris?

—¡¿Qué onda?! Ahí te va la onda. Llegué a mi pocilga…

—¡Ah! ¿Ahora ya es pocilga?

—Y me encontré con una viuda negra en la tarja. Yo no duermo ahí ni un día más. La cosa está así: o me vengo a vivir contigo o me voy con mis papás y esto vale madres.

La cara de Sergio no se me va a olvidar jamás mientras viva. Por fin alguien lo había dejado sin habla. Se puso lívido. No podía ni respirar.

Me senté en el sillón, crucé las manos y esperé una respuesta.

# La vida en rosa

## Sergio

Vivía uno de esos momentos que gozas con una gran plenitud, de esas veces que al término de un día quieres llegar a tu casa, que sabes que perteneces a alguien, que tu mundo y tu eje están sincronizados nivelados y equilibrados. No había, en aquellas épocas, impedimentos ni malos humores. No existía la incertidumbre, todo me parecía benéfico, las cosas tomaban su rumbo y se acomodaban. Estaba en la famosa etapa del *enamoramiento*.

Ahora que lo pienso, me pregunto si esa sensación de mariposas en la panza, lo que quiere decir en realidad es que vivimos con unos parásitos dentro que se activan al sentir algo mágico por alguien… Yo no sabía qué era lo que me estaba pasando. ¿Cómo saberlo? ¿Cómo entender lo que vivía, si nunca antes me había permitido entregarme de forma seria a una relación?

Sentía el miedo que da la incertidumbre, pero una vez que sobrepasé las barreras y dejé las banalidades, tomé la decisión de echarme el clavado verdadero a la relación. Era como estar en el trampolín a punto de saltar al agua, ya no tomaba en cuenta que me podía bajar por las escaleras, así de decidido estaba a que la relación siguiera funcionando. Me eché el clavado a lo que sería una verdadera relación que tenía detrás un noviazgo exitoso y agradable. Había llegado el momento de compartir más, de hacer algo que nunca había hecho.

Le di a Jessica la entrada a mi departamento, mi cocina, mi baño, mi recámara. Abrí puertas y las dejé abiertas para que ella hiciera lo que se le diera la gana.

Jessica llegó con ropa, cosméticos, libros, discos, en fin: lo que había recopilado en su vida hasta ese momento. Mis espacios ya no eran únicos e impenetrables, tenía que buscar otros que fueran de ella, espacios en donde metería cosas que estarían bajo mi techo, que ya no sería sólo mío. Ella, como yo, no es una mujer con muchas pertenencias: lo único que realmente nos importaba eran los libros y los discos. En eso estábamos de acuerdo.

Acomodarnos no fue un problema, la vida empezó a fluir en un santiamén. Me sentía tranquilo en los inicios de una vida en pareja. En cuanto Jessica llegó al departamento reorganizó lo de uso común; eso provocó que noche tras noche llegara yo a una casa extraña. Pronto ya no sabría dónde había dejado el papel de baño, las cucharas o las ollas. Me sorprendía, sin embargo, que esos cambios no me provocaran enojo. Por el contrario, me daban un sentido más profundo de pertenencia, además de que me emocionaba la idea de compartir y de acoplarme a algo distinto.

Esos momentos de emoción son increíbles porque todo es nuevo, sabes que cada noche habrá una salida al súper o a cenar o una simple velada en la que se empezará a escribir una gran historia formada por instantes vitales que forjarán una verdadera unión. Cada uno de los dos tiene una vida y obligaciones que cubrir, pendientes, cosas por hacer además de sueños, fantasías e ilusiones. Jessica y yo empezamos a generar sueños compartidos: ya no sólo compartíamos la cama y el baño.

Lo impresionante era que me sentía absolutamente feliz y eso me hacía sentir miedo del futuro. Esto que estábamos viviendo, ¿duraría?

Mi vida había cambiado radicalmente. Cada noche, al llegar del trabajo, Jessica me recibía de una manera que me hacía sentir especial. Eso me daba la confianza de alejar cada vez más mis temores y malos presagios. Pasaron los días y dentro de esos días pasaban muchas horas, pero vivía en uno de esos momentos en los que juras que las horas no tienen sesenta minutos. Son horas efímeras que ansías vivir explotando cada segundo, sobre todo en esos fines de semana en los que te despiertas con la emoción de querer levantarte de la cama o no, pero siempre con el placer anticipado de estar con ella, descubrir juntos lo que prepararán de desayuno y definir a dónde será la salida de la noche. Cada instante era una sorpresa, y vivíamos al filo de esa sensación de mariposas en el estómago.

Jessica y yo leíamos juntos. A veces lo hacía ella en voz alta con su gran entonación, y a veces leía yo y, mientras lo hacía, inventaba partes para hacerla reír. Muchas noches, cuando ella miraba algún programa, yo le preparaba a escondidas una cena con la que sabía que se iba a chupar los dedos. Nos consentíamos con detalles triviales: ella me compraba el cereal nuevo que sabía me iba a encantar o me escribía cartas que dejaba en lugares secretos, y yo le mandaba mensajes ocurrentes por celular. Cuando estábamos juntos no nos callábamos jamás, siempre estábamos en el mismo canal, aprendiendo, conviviendo y trascendiendo nuestra propia relación con emociones eléctricas.

Dejé de dudar si la relación me convenía, dejé de sentir incertidumbre. Estaba en una de esas etapas en las que ya no ponía en tela de juicio si nuestra relación iba a durar. Los momentos más emocionantes y fabulosos eran cuando nos íbamos a tomar unas copas a cualquier bar de algún hotel. Pasábamos horas filosofando e inventándoles historias a los huéspedes que veíamos pasar. Ahí era donde construíamos las torres de nuestra vida compartida.

Vivir en unión libre fue la mejor estrategia y el mejor plan para lograr lo que pensé imposible. Yo había postergado cohabitar con Jessica, sin saber que serían los dos mejores años de la relación. Con eso en mente, un día me llegó un impulso arrebatado… tenía las ganas en la punta de la lengua, era adicto a ella. Por fin había entendido que era mejor hacer las cosas entre dos.

Así fue como llegó un vil miércoles, uno de esos días normales de tráfico y juntas de trabajo. Había tenido una comida de cuarenta minutos con compañeros de la oficina, no tenía planeado nada especial para esa noche, y en un instante normal, en un momento sin importancia, sentados en la sala después de haber hablado de cualquier noticia, le dije: "Oye, ¿qué te parece si nos casamos?".

Jessica explotó en carcajadas.

Mi humor negro entra por la puerta mucho antes de lo que yo lo haga. Ella conocía perfectamente mis ironías y una de las cosas que tejió nuestra relación fueron las bromas que le hacía constantemente. "No hay manera de aburrirse contigo", me decía y en aquella ocasión creyó que le estaba jugando una de esas bromas intensas.

Pero yo no hice muecas de ningún estilo: en ese momento me sentí más seguro de lo que cualquier humano se puede sentir al ofrecer matrimonio. Sólo esperé a que terminara de reírse.

—¿Estás hablando en serio? —preguntó incrédula.

Cuando asentí con la cabeza, se me lanzó y me respondió: "¡Claro! Vamos a casarnos". El resto lo dijimos con los ojos, en una de esas comunicaciones que solamente tienes con alguien que verdaderamente te conoce.

Esa noche, cuando nos fuimos a dormir, se me ocurrió cómo le daría el anillo. Era un plan sumamente complicado, pero si lo lograba, le daría la sorpresa de su vida.

# Las llaves

## Jessica

Ahora que veo las cosas en retrospectiva me doy cuenta de cuán aferrada estaba a mi plan de vida. La determinación era contundente, y ni siquiera Sergio se iba a interponer en lo que yo quería.

Es cierto: me había mudado a su casa, vivía ahí, pero no tenía manera de entrar ni de salir: no tenía las llaves de mi nuevo hogar. En el transcurso de una semana, Sergio no había encontrado un momento para sacar un juego para mí. Era *su* casa y no se convertiría en mía jamás. Los pretextos para no darme las llaves fueron infinitos y ridículos, incluso llegó a decirme que en Polanco —que era donde trabajaba— no había cerrajerías.

Me tragué esa tontería porque la alternativa era inadmisible. Rascarle un poquito, nomás tantito, hubiera significado entender que no estaba listo para vivir conmigo y que probablemente nunca lo estaría.

La verdad era que me gustaba quejarme con sus hermanas de las cosas inexplicables que hacía Sergio, eso me daba la sensación de que yo era la cuerda en la relación. Todo nuestro mundo, incluida su familia, sabía que ese hombre era un "caso". La gente me comprendía y me daba la razón, y, por primera vez, yo era la "normal" que lidiaba con un hombre poco común que vivía fuera de sus cabales. "Sergio es el incasable", me dijo una vez su hermana pequeña, y yo lo tomé como un reto. Yo sería la que cambiaría la personalidad de ese testarudo solitario.

Ahora reflexiono acerca de mi estúpido y ridículo plan por casar al incasable, y me doy cuenta de que el tren de mi pensamiento estaba completamente descarrilado. La gente es lo que es, y si no existe la voluntad, no hay cambio, punto. No importa quién seas, no importa lo que estés dispuesto a vivir, a sufrir y a padecer, la gente no cambia si no lo desea. En mi defensa debo decir que me ganaron el tiempo, el ego y las ganas de ser diferente.

Una semana después de que me fui a vivir con Sergio, me dio las llaves a regañadientes. De romántico no tuvo nada, y de voluntad, menos. Al cabo de unos meses llegó mi cumpleaños número treinta. Para entonces, se me había hecho costumbre festejar cada año sola en las pirámides de Teotihuacan. La fecha cayó en sábado, así que me fui temprano para evitar el gentío en la cima de la Pirámide del Sol.

En cuanto llegué me dirigí a mi destino y subí con paciencia. Disfrutando del cielo despejado, sentí cada uno de los escalones de piedra y me maravillé, como siempre, con la belleza del lugar. Una vez arriba me senté en el punto más alto, crucé los pies y cerré los ojos. Dejé que los rayos del sol me dieran en el rostro y comencé a respirar. Me sentía bien.

De pronto escuché música a un volumen muy alto, abrí los ojos exasperada y giré para ver quién era el imbécil que se atrevía a armar pachanga ahí arriba. Cuál fue mi sorpresa al darme cuenta de que el imbécil ruidoso era mi novio. Me acerqué a él llena de rabia para pedirle que apagara el escándalo, pero cuando iba a abrir la boca, me dio una caja pequeña color rojo, en cuyo interior descansaba un aro para el ombligo con un diamante incrustado en el centro.

—¿Qué es esto? —dije sorprendida y molesta.

—¿De verdad necesitas que te lo explique? Feliz cumpleaños, Chirris.

Nos quedamos unos minutos más ahí arriba celebrando nuestro reciente compromiso. Cuando terminamos de escuchar las diez canciones que traía preparadas para la sorpresa, me dijo que abajo estaban nuestras familias esperándonos para celebrar nuestro futuro matrimonio.

Me sentí mal por egoísta, y a la vez estaba irritada de que Sergio hubiera interrumpido mi celebración para proponerme matrimonio. Y no puedo dejar de decir que hasta el día de hoy me sigue sorprendiendo que subiera los doscientos treinta y ocho escalones en zapatos de vestir y camisa.

—¿Y qué? Cuando la gente quiera ver mi anillo de compromiso, ¿voy a tener que enseñar la barriga? —pregunté un poco en broma, un poco en serio. Sergio se caracterizaba por esas acciones que me provocaban una gran ambivalencia. Por un lado, me daban ganas de comérmelo a besos, y por el otro, y con la misma intensidad, ganas de matarlo.

Al pie de la pirámide estaban las familias emocionadas. La suya, porque finalmente estaba por suceder algo que creyeron imposible, y la mía… porque finalmente estaba por suceder algo que creyeron imposible.

Esa noche Sergio y yo fuimos a cenar a mi restaurante favorito, el Bros de Polanco. Llegué contenta y dispuesta a celebrar, y justo cuando estaba por dar el último bocado a mi atún, me dijo:

—Oye, lo he estado pensando, y creo que estaría muy bien que antes de que nos casemos vivas en casa de tus papás, porque en unos meses vamos a vivir juntos para siempre.

El tenedor con el último bocado se cayó sobre el plato provocando un estruendo. No podía creer lo que estaba escuchando: por fin me quedaba claro el motivo de su propuesta. Lo único que buscaba era ganar tiempo; el *twist* de la historia era que no se sentía preparado para vivir conmigo todavía, y si me pedía matrimonio estaba asegurándose de no perderme, y al mismo tiempo de no vivir conmigo.

—No, chiquito, a otro perro con ese hueso. Yo no me voy a tragar nada de lo que estás proponiendo. O seguimos viviendo juntos, o no hay boda y esto se acaba ahorita mismo.

Trató de convencerme de que era mucho más romántico que saliera de casa de mis padres hacia nuestro casamiento y enlistó sus múltiples razones mientras yo me comía un pastel de chocolate de esos que tienen el centro líquido. Sergio hacía malabares y yo disfrutaba cada cucharada de ese glorioso néctar. Luego tomé sorbos cortos e intensos de un exprés doble cortado, y finalmente encendí un cigarro que fumé con tranquilidad, intentando hacer círculos en el aire. Mis ojos se posaban en sus ojos con cinismo y frialdad, estaba disfrutando de los argumentos ridículos que elaboraba para gozar de unos meses más de soledad. Tuve que contener la risa al ver cómo caían por sus sienes tremendas gotas de sudor. Al final de cada planteamiento yo daba la misma respuesta, en el mismo tono sobrio y desapegado: o vivimos juntos, o lo nuestro se acaba.

Las alternativas en mi vida desaparecieron, no existía nada más que casarme y tener hijos. ¿Así se resumían mi rebeldía y la eterna búsqueda de libertad? ¿Obligando a mi novio a vivir juntos y luego a casarnos? ¿Cuándo se habían convertido mis años y mis proyectos de vida en una bomba de tiempo? ¿Cuándo decidí que ése era el único camino y que tenía que transitarlo en ese preciso momento?

No recuerdo ningún instante de reflexión en calma. Sólo tengo apiladas las razones que me tenían convencida de que las decisiones que tomamos —más bien, las que tomé— eran las únicas posibles.

# La mentada boda

## Sergio

Al parecer, y sin nada que pueda yo hacer para cambiarlo, la gente me percibe como el *contreras*. Y qué bueno que digan que soy diferente, pero la gente no me cree que lo hago por convicción, piensa que alguien como yo va en contra de muchas cosas o tiene opiniones distintas a las comunes por llamar la atención o aparentar una personalidad falsa.

A lo largo de la vida he aprendido que todos queremos lo mismo y que todos llegaremos a los mismos lugares; sin embargo, soy fiel creyente de que es mucho mejor irse por caminos no trazados, aunque llegues al mismo lugar que los que se fueron en fila india por el sendero marcado. No me siento el patito feo ni el gran conocedor, simplemente es genuino que tengo gustos y percepciones distintas a los de la mayoría.

Nunca había pensado casarme, no estaba en mis planes, Es cierto, acabé haciéndolo; pero puedo jactarme de saber que me fui por veredas distintas y que nunca tomé atajos. De hecho, el camino para llegar a la boda fue largo, muy largo…

Y ¿cómo no iba a ser un camino largo y tortuoso? Detesto las bodas con todo lo que soy. Me parecen eventos absurdos y trillados, una artimaña comercial, una representación hipócrita, puro show.

En ningún momento de mi vida estoy tan incómodo como cuando estoy de traje presenciando un evento que parece ser el mismo al que he asistido cuarenta años de mi vida. De niño lo hacía como paje en las bodas de mis primas, de adolescente lo tuve que hacer de manera obligatoria por pertenecer a una familia, y de adulto no voy. Me ausento de tantas bodas como me es posible, lo que me ha ganado el desprecio y la ira de varios familiares y amigos, pero valoro más mi comodidad y mi bienestar aunque impliquen enemistarme con alguien que no entiende que estoy hecho de un material antibodas.

Las noches de bodas son horas interminables llenas de falsedad, de jarabe de miel barato que se paga a un precio muy alto. Las celebraciones nupciales son la cuna de los siete pecados capitales. Los invitados que nunca faltan son la envidia, la codicia y la soberbia. Las falsas sonrisas, los vestidos llenos de colores en competencia. La asquerosa comida y el desborde de un alcohol que seguramente traerá problemas al día siguiente.

La celebración es una fiesta donde la gente cree que la está pasando bien, donde todo está cubierto y saturado por la peor música de todos los tiempos. ¿Cómo a alguien como yo le va a gustar un evento en donde se tiene que vestir como dice el código y comportarse como lo marca el rigor? ¿Cómo a alguien como yo le va a llamar la atención estar subyugado por canciones comerciales horribles a todo volumen que colman mi oído y me quiebran la cabeza? Es enervante pasar horas dentro de un lugar rodeado de gente que está pendiente de cómo se comportan los demás, al lado de seres inseguros que se recargan y esconden en maquillajes y ropas de gala que no les favorecen.

Sí, soy el Grinch de las bodas. De hecho, me gustaría tener el fuero de prohibirlas. Una boda es un evento reiterado millones de veces. ¡Qué patéticos somos los humanos que repetimos y repetimos patrones idénticos!

Así que jamás en mi vida me imaginé estar vestido de smoking desfilando por el pasillo eterno rumbo al altar. Sin embargo, esta vez iba a vivirlo. Le había propuesto matrimonio a una mujer, decidí casarme y en ese momento eso era lo que quería; pero no quería una boda, y menos estar vestido de negro con un pedazo de tela hecho nudo convertido en una ridiculez que la sociedad y los buenos modales llaman *moño*.

Afortunadamente, Jessica tenía ganas de casarse en una hacienda. Yo, por mi parte, quería que la vestimenta de la gente fuera casual, prefería no invitar a más de los que conozco y de los que quiero, estaba decidido a cortar de la lista a los familiares con los cuales no he tenido relación, nunca, jamás. Era un desperdicio de dinero pagarles el cubierto solamente porque "así debe ser".

Las Vegas me parecía la mejor opción, pero nadie estuvo de acuerdo conmigo, así que revisamos otras. De hecho, me cansé de buscar alternativas. Sin embargo, nosotros no pagaríamos por la boda. Nuestros ahorros se irían directo a la luna de miel, así que no podíamos ponernos tan exigentes.

Al principio estábamos entusiasmados mirando las distintas posibilidades, pero después de meses de toparnos con varias paredes, claudicamos y la boda acabó siendo de cierta manera igual a las demás. Solamente había dos cosas que realmente me importaban: la música y la fotografía.

En cuanto a la primera, me negaba rotundamente a tener una orquesta aburrida de tres mujeres gorditas, mal vestidas y mal pintadas, haciendo coros poco profesionales junto a nueve representantes disfrazados de *Siempre en Domingo*. Por fortuna, conseguí a un simple DJ. El pobre hombre se tuvo que fletar mis amenazas: le di una lista de la música que iba tocar toda la noche y le prohibí terminantemente aceptar las peticiones de nadie, salvo por las de Jessica. Obviamente no pude objetar al popurrí de Timbiriche que nunca falta en las bodas para el momento en el que la novia y sus amigos presentan un acto verdaderamente ridículo y aberrante pero que, a esas horas de la madrugada, se siente bien.

Al fotógrafo lo conseguí con una amiga que está metida en el mundo editorial. Ella me recomendó a Federico Beláustegui, que después de mucho insistirle, para nuestra fortuna aceptó el trabajo. Federico captó nuestras personalidades y logró tomar fotos con la mirada de un artista, desde dentro y sin complacencias.

Normalmente en las bodas el grueso de la población ya ha abandonado el salón de fiestas a las cinco de la mañana, y solamente quedan entonces seis grupos de personas: *los pobres meseros* agotados; *los borrachos*, que no se van hasta que apagan las luces; *los aprovechados*, que no fueron invitados; *los verdaderos amigos* de los novios; *algunos familiares*, y, por supuesto, *los novios*. Todos ellos conviven en un último jalón para poder decir: "¡Estuvo padrísima la boda! ¡Terminó hasta las 6:30!". La nuestra tampoco se saltó ese paso, aunque no puedo negar que la disfruté, pues logré juntar a mi gente más querida, desde los familiares más amados hasta mis hermanos y amigos entrañables que presenciaron lo que nunca pensaron ver con sus propios ojos: a Sergio casándose. Pero ésa no era la novedad: la novedad fue verme en la pista bailando sonriente, porque mi música fue la que sonó toda la noche y porque me estaba casando con la mujer con la que decidí casarme.

En fin: acabó siendo una boda típica en casi todos los sentidos. Sin embargo, fue un momento de felicidad, una gran fiesta. La fiesta en la que más me he divertido y en donde sí sonreí en las fotos, porque era una sonrisa que venía desde dentro.

# Mutantes

## Jessica

Sergio Krashkur. Un ente muy particular: extravagante, maleducado, pelado, de gran corazón, grosero, irreverente, buen amigo, excéntrico, gran papá, ruidoso.

No sabe de respeto, ni de límites, ni de tiempos.

A él las cosas de este mundo, es decir, las reglas, los estatutos, los cánones, manuales de buen comportamiento y demás vicisitudes relacionadas con el deber ser, le vienen importando una flauta. Le valen madres, ni siquiera se registran en su cerebro. No es que el hombre no tenga filtro, es que lo que rige a la mayoría para —supuestamente— convivir, él no lo considera porque habita un mundo propio.

Los oficiales y policías de tránsito son meras caricaturas; los semáforos y sentidos de las calles, opcionales. Los restaurantes son extensiones de su propia casa. Sergio se mueve con soltura, sin pedir permiso ni esperar a ser atendido. Si necesita una cuchara, se levanta de la mesa y va por ella. En caso de que considere que los platillos se han tardado demasiado, se mete a la cocina para averiguar las causas del retraso y le indica al capitán las porciones que deberían servir y cómo hacerlo. Las filas son sugerencias que, por supuesto, no toma en cuenta. El anuncio de "última llamada" para abordar un avión en su lenguaje significa: "Vaya al baño, después haga sus últimas compras y luego aborde el aeroplano con la mayor parsimonia posible… ¡Ah! Y no olvide ser el último en subir".

La planeación de la boda no sería la excepción. Proyectar la boda con un ser como Sergio tuvo su encanto, y la verdad es que yo… tampoco soy la persona más fácil de este mundo. Afortunadamente queríamos las mismas cosas; desafortunadamente, no queríamos las mismas que el resto de la sociedad, y como nosotros no éramos los que pagaríamos, tuvimos que olvidar nuestras exóticas ideas y hacerla de manera tradicional. Sin embargo, no quitamos tan pronto el dedo de nuestro renglón.

Lo primero que buscamos exhaustivamente fue el lugar en donde celebraríamos la ceremonia, porque no queríamos que fuera en un templo. Después de varias semanas encontramos el sitio perfecto: una hacienda ubicada a un par de horas de la ciudad. Estilo colonial, verde por todos lados, lagos, puentes y carretas llenas de plantas y flores. Un espacio pequeño y encantador. En cuanto puse un pie en ese oasis, supe que si nos casábamos ahí, seríamos felices para siempre. Salimos encantados y urgidos de revelarle a nuestra gente el afortunado descubrimiento.

Una semana después regresamos a la hacienda con nuestros padres y hermanos. Apenas entrar me sorprendió no escuchar ningún suspiro. Giré para ver los rostros: tal vez los suspiros habían sido tan suaves que me los había perdido. Para mi decepción, nuestros familiares se miraban entre ellos con cara de "esto no puede ser... están locos".

Mi papá fue el primero en abrir la boca para decir que no iba a hacer que los invitados manejaran dos horas por caminos de terracería y curvas, que era una falta de respeto y que el lugar ni siquiera valía el esfuerzo. Sergio y yo tratamos de convencerlos enumerándoles las bondades y bellezas del sitio, pero no conseguimos nada. Sin dinero por delante, nuestro poder de decisión se redujo a un mínimo. Tras el triste recorrido del que sólo recuerdo ojos muy abiertos y un silencio que dolía, nos subimos al carro con la realidad tumbando nuestras ilusiones.

Al finalizar esa contienda nos rendimos y aceptamos casarnos en el Deportivo Israelita de México, igual que un millón de personas. Contratamos al banquetero que ha usado un millón de personas, y la boda se vio como la de un millón de personas. Sin embargo... elegimos un DJ en vez de orquesta, que era lo que estaba de moda en esos momentos. Sergio se dedicó una semana entera a grabar la música que queríamos que tocaran, y por primera y última vez en mi vida lo vi bailar en una boda.

Conseguimos también a Federico Beláustegui, un fotógrafo que ha trabajado para *National Geographic*, *Expansión*, *Time*, *Newsweek* y UNICEF. Lo convencimos, no, rectifico, lo convenció Sergio para que fuera nuestro fotógrafo, diciéndole que haríamos lo que él nos pidiera. Le aseguramos que no queríamos las típicas fotos de boda, que nosotros, a pesar de estar haciendo lo mismo que los demás, éramos distintos. Después de un café que duró horas en El Péndulo de la Condesa, Federico finalmente accedió. Estoy segura de que lo hizo un poco para que Sergio dejara de insistir y otro tanto por curiosidad.

Las fotos las tomó en el jardín del edificio donde viven mis papás. Era una tarde soleada de agosto y la familia llegó puntual a la cita —excepto por el papá de Sergio, pero eso no sorprendió a nadie. Recuerdo que Federico me pidió que me sentara sobre el pasto con mi vestido blanco para que las fotos con los pajes salieran naturales, y así lo hice, a pesar de la mirada fulminante de mi madre, a quien casi podía escuchar pensando: "No te atrevas a ensuciar el vestido de pasto y tierra".

Al final, la música y la fotografía —desapercibidos para la mayoría— tuvieron nuestro sello. Ese sello del que estábamos orgullosos, que nos hacía, en nuestra muy extraña manera de ser, merecedores de la amistad y el amor de una familia que fue, es y será siempre mutante.

# *Asali*, luna de miel

## Sergio

En esta vida todo lo bueno que se construye lleva su tiempo para la creación y para la culminación. Lo que no vale la pena es efímero, y pudo haber sucedido o no. Una relación bien fundada, una verdadera complicidad tiene su ritmo, su proceso y tarda mucho en constituirse. De la misma manera tardó nuestra llegada a África, donde pasamos nuestra luna de miel. Y es que llegar requiere miles de horas y de esfuerzo, pero vale la pena, tanto como alcanzar la cima en una relación. Una vez que estás ahí y que sientes que conquistaste el punto más alto del mundo, la experiencia se vive con una emoción desmedida. Con cada segundo que pasa, la inquietud, la curiosidad y la adrenalina crecen.

Algo así me pasó cuando pusimos un pie en la primera parada de ese continente ecléctico, mágico: Johannesburgo. Mi amor por África nació desde que mis ojos se quedaron sin parpadear al ver por la ventana el aterrizaje del avión número 4 que tomamos para llegar.

La primera sonrisa me la regaló una mujer rozagante que trabajaba en migración;, su recibimiento nos hizo sentir bienvenidos. Nos deseó que pasáramos una gran luna de miel. Sonreímos de vuelta y nos embarcamos en una gran odisea en un continente que nunca olvidaré y al que pretendo regresar.

¡Qué luna de miel! ¡Qué viaje! ¡Qué libertad! África tiene desde impresionantes árboles milenarios hasta edificios que nunca me hubiese imaginado que decorarían ese cielo multicolor. En ese viaje encontré cosas que en ningún otro había experimentado: la atmósfera, la cadencia de la gente, las leyendas, los idiomas… Todo me tuvo embelesado. El éxtasis duró los cuarenta días que pasamos en esa luna de miel, que al final se convirtió en un encuentro conmigo mismo.

Esos días fueron como estar parado en un sueño dentro de otro sueño. Toda la vida fantaseé con pisar África, en parte por su fauna, pues yo me considero un defensor de los animales. En muchas ocasiones, los prefiero antes que a los humanos. Además, esa travesía fue para mí un desprendimiento genuino de la vida occidental. De entrada, teníamos que llevar un maletín de mano para toda la luna de miel. Estaba prohibido llevar perfumes, cremas o desodorantes con olor. Todo tenía que ser neutro. Eso le dio al viaje un aire de naturalidad y verdad, porque nos veíamos y olíamos a lo que somos. Sin máscaras.

Los recorridos por las planicies, los desiertos y bosques fueron larguísimos. El territorio es increíblemente extenso; en esos caminos era imposible no dejarse llevar por el vaivén y caer en una especie de trance. Después de las primeras veces que pasó dejamos de pelear con él, y entonces nos entregamos a un estado de duermevela que nos acompañó en cada trayecto. Pasábamos horas inmersos en un silencio maravilloso para descubrir de pronto un avestruz haciendo su extraña danza de apareamiento o encontrarnos a un leopardo descansando en un baobab. Ver pasar una estampida de elefantes al lado nuestro y sentir que el jeep brinca al ritmo de los mamíferos, y luego mirar que hasta el final vienen un elefante bebé y su mamá, que lo apresura con la trompa como haría cualquier madre humana con su hijo.

En ese continente se te olvida de dónde vienes, dónde vives y cómo vives. Lo único que quieres hacer es existir y ver qué sigue… En esos cuarenta días comí de todo: carne de avestruz, de búfalo, de cocodrilo, no me importaba lo que fuera. Esa actitud era muy rara en mí, Jessica y yo estábamos igualmente sorprendidos. Ella bromeaba diciendo que nos convenía quedarnos a vivir allá, que nadie que me conociera creería el cambio de personalidad que estaba sufriendo. Que era como ver una lobotomía en proceso.

El guía que tuvimos en Kenia y Tanzania era un hombre maravilloso de nombre Alí; él me llamaba *Du melam begu*, que en swahili quiere decir "hombre íntegro y listo para lo que sigue". Jessica y yo le pedíamos a Alí que nos enseñara swahili, y luego practicábamos entre nosotros y con la gente que trabajaba en los hoteles a los que llegábamos, en los que, por cierto, nos recibían con enormes sonrisas, canciones y reverencias como si fuéramos de la realeza. En ese lugar te hacen sentir especial, además de que los hoteles nos sorprendían por su lujo y perfección. No teníamos a cuál escoger, en algunos nos despertaban los hipopótamos, en otros los rugidos de los leones y en otros el mayordomo que nos traía la bebida de nuestra elección a las seis de la mañana.

Se me antojaba tirar los relojes y los calendarios a la basura para no tener que pensar en que llegaría el momento de abordar a un avión para regresar a mi continente. Cada platillo que comíamos era descubrir una nueva experiencia, cada lugar era darle algo nuevo a los ojos y a los oídos. No creo haber pisado otro sitio que deleitara tanto los sentidos. La única verdadera lucha fue la de decidir si quería apreciar el momento a través de la mirada o a través de la lente de la cámara.

Nuestros ojos presenciaron el festín que se daba un grupo de buitres devorando el cadáver de un ñu. Podíamos ver los estómagos de los pajarracos creciendo mientras comían y cómo se peleaban entre ellos para ganar los restos del animal muerto. Fue un espectáculo grandioso.

Era también delicioso no tener que tomar decisiones sobre nada, solamente existir y fluir con las indicaciones de los guías, o ir tras lo que nos apuntaba el sentido de la vista, del olfato y del oído.

Estar ahí fue como conocer el mundo en el punto de inicio. Me perdí en la idea de estar en el corazón de la tierra, justo donde estuvieron Adán y Eva. Hay un lugar en Tanzania que se llama el cañón del Ngorongoro, y creo que, si existió el paraíso, fue ahí. Para llegar, hay que bajar bordeando los despeñaderos. En ocasiones, los jeeps no pueden descender, cuando los elefantes rascan demasiado las paredes de las montañas en busca de minerales y dejan el camino obstruido. Nosotros afortunadamente pudimos pasar y, mientras lo hacíamos, veíamos especies de animales muy cerca unas de otras sin atacarse ni huir... Seguramente era el resultado de una ilusión óptica, pero no por eso dejaba de ser impresionante.

En Ngorongoro hay un extenso cementerio de elefantes. Alí nos contaba que los paquidermos lo rondan cuando saben que van a morir, y también nos explicó que esos mamíferos, como las ballenas, no olvidan una cara cuando la ven.

Cuarenta días y treinta y nueve noches duró nuestra experiencia en ese continente. Recorrimos tres países y dentro de cada uno, un sinfín de ciudades. Honramos las costumbres locales bailando y comiendo con la gente, aprendiendo cómo vive y aquello en lo que cree. Un joven masái nos enseñó la marca que le había dejado un león al luchar contra él para ganar su ritual de paso. Luego nos contó que él había sido de los últimos en luchar contra un felino. La tradición se adaptaba al mundo moderno y a la conservación de las especies, así que el reto había pasado de matar al rey de la selva a arrancarle una pluma a un pájaro.

En uno de los hoteles, otro guerrero masái nos acompañaba al cuarto por las noches, portando una lanza como protección, pues las habitaciones estaban a la mitad de una reserva.

Un sentimiento de amor y cariño fluía por mis venas día y noche. Establecimos lazos con la gente a la que conocíamos, en los taxis, restaurantes, excursiones... Platicábamos un rato, eran en su mayoría conversaciones entrañables, y después de media hora de convivio, acabábamos abrazándonos e intercambiando direcciones.

Yo no sonrío ni en las fotos ni en la vida real. Sin embargo, ese maravilloso viaje me tenía pelando los dientes todo el tiempo. Y es que, además de la grandiosidad del lugar y de su gente, estaba viviendo mi sueño, el auténtico triunfo de haber reunido las millas necesarias para lograr los vuelos e ir de un lado a otro para poder llegar a África.

Jessica y yo habíamos viajado mucho juntos, pero nunca por un periodo tan largo ni a una aventura por el estilo. Me emocionaba, pero también me daba miedo. Quería aprovechar cada segundo, y al mismo tiempo me urgía saber cómo íbamos a terminar mi esposa y yo después de estar viéndonos durante los mil cuatrocientos cuarenta minutos de cada día, sin descanso. Estaba seguro de que ella temía algo similar, pues teníamos maneras muy distintas de movernos en el mundo. Así que ese viaje era el mayor de los retos.

Jessica tiene cosas maravillosas que siempre he admirado, es una mujer culta e inteligente con la que se puede hablar de muchos temas. Pero, por otro lado, está acostumbrada a viajar con una logística que no es la mía. En su casa le enseñaron a estar en el aeropuerto treinta horas antes de cada vuelo y a hacer las cosas premeditadas y sin precipitaciones. Yo soy exactamente lo contrario. Ella es exagerada y tiende a no salirse del margen ni de los límites que ponen la ley y las autoridades. Y yo soy exactamente lo contrario.

África nos sorprendió por igual, nos enfrentamos a situaciones que nunca pensamos vivir juntos. Jessica nunca se imaginó que viajaría con un Sergio distinto, pacífico. Yo mismo me descubrí diferente, para mí fue una experiencia nueva no haberme quejado ni siquiera una sola vez durante los días y noches de la luna de miel. No tenía contemplado que ese continente arrullara mis peores demonios, y fue así como pude existir con una fuerza e intensidad que me llevaron a sentir una gran plenitud. Hasta la palabra en swahili para decir "luna de miel" parecía arrullar: *Asali…*

Lástima que la luna de miel se acabaría, y con ella mi buen humor, mi paciencia y mi liviandad.

Regresar a México implicaba vivir una vida que ya tenía el matiz de futuro, y eso era algo aterrador y muy nuevo para mí. Vivir juntos sin ataduras ni reglas ni convencionalismos seguía teniendo un sello mío: el sello de la libertad, que estaba por terminarse para siempre.

Segunda parte

# Un viaje

## Jessica

—¡No lo puedo creer! ¿Cuántas veces te he pedido que no me hagas esto? Es increíble lo egoísta que eres —digo mientras camino nerviosamente por la fría y oscura habitación—. Anoche te supliqué que arreglaras la salida del hotel para irnos temprano, me dijiste que sí, pero no hiciste nada, como siempre. Te vale madres, me das el avión y luego haces lo que se te da la gana. Me voy a salir a fumar un cigarro…

¡Qué rabia! Siempre pasa lo mismo A este güey no le importan mis angustias, es un egoísta.

Ya son las once de la mañana, seguro que nos deja el avión y yo siento una ansiedad que me da ganas de tragarme todos los chocolates que compré para llevar de regalo. Voy a fumarme otro cigarro y me voy a meter en la burbuja de humo para oler más, para que no me tolere y sienta lo que yo cuando me ignora. Le doy una última calada al cigarro y lo apago. Me levanto con desgana de la banqueta y expiro fuertemente para sacar el mal humor, pero no lo logro. La presión en el estómago y en el pecho es tan aguda que me jala desde el centro. Me estiro para aliviar el dolor, pero sólo consigo contracturarme el cuello.

—¿Qué onda? ¿ya quedó? —digo, mientras me acerco al mostrador tratando de ser más amable.

—Sí, nada más que tenemos que pasar a echarle gasolina al coche.

—No mames, ¿te cae? Cargar gasolina, ¿ya viste la hora? Ahora sí no llegamos.

Siento que se me sale todo el aire del pecho y se me atora en la garganta. Me estoy ahogando, lo único que se me antoja es pegarle. Agarro las maletas y me dirijo al carro furibunda, él viene detrás de mí con una lentitud desesperante, ni siquiera se ofrece a ayudarme con mi equipaje. Abre la cajuela a distancia y avienta sus maletas como si fueran costales de papas.

—No las avientes… las vas a romper.

No contesta, se sube al carro y, como siempre, no me abre la puerta. No es que sea muy fijada, pero carajo, de repente un acto de caballerosidad no le caería mal. Apenas llevamos dos años de casados, ya quiero ver cuando llevemos treinta. Claro, eso si no nos matamos antes.

—¿Le puedes bajar al aire? Me estoy helando.

—No la chingues, hace un calor de perros, mira cómo estoy sudando.

—Si no hubiéramos salido corriendo por tu culpa, no estarías hecho una sopa —de pronto me percato de la horrorosa música que eligió—. ¡Oye! ¿De verdad tenemos que escuchar música country a ese volumen? Sabes que la odio.

No hay respuesta. Sólo cambia la estación del radio mientras exhala un larguísimo: "¡Uuuuuf!".

Sergio tiene la agradable costumbre de manejar encima del carro de adelante. Frena a un centímetro de la defensa del otro auto, vamos, un transeúnte no podría pasar entre un coche y otro de lo cerca que queda. Le he dicho miles de veces que de esa manera se expone a que le choquen o a chocar. ¿Cuál es la necesidad de treparse? Cada vez que le digo algo que no le interesa, me responde que sí, pero luego nada cambia.

Este hombre tiene maestría en dar el avión. La dinámica es la siguiente: yo le hago un comentario, él pone cara seria, como que me presta completa atención, y cuando termino mi perorata —me gusta mucho hablar y repetir las cosas—, tiene la desfachatez de comentar el punto y darme la razón. Yo me quedo tranquila pensando que entendió y que está de acuerdo conmigo. Y, en efecto, entiende, pero le vale madres, no tiene ningún interés en cambiar. Lo único en su mente cuando lo sermoneo es la esperanza de que me calle pronto. Lo mareo, está claro.

A lo lejos se ve el camino completamente detenido.

—¡Ahora sí ya valimos madres! ¿Ya viste ese tráfico? No vamos a llegar nunca.

Mientras hablo, él se mete en la fila de carros que esperan para integrarse a los carriles centrales. Yo siento el sudor recorrer mi cuerpo mientras voy apretando el freno imaginario en el asiento del copiloto, me agarro de la manija con una mano y con la otra me detengo del asiento. No entiendo por qué se tiene que meter y trastocar el orden. La gente lo mira sorprendida: los gringos no están acostumbrados a la manera que tenemos los mexicanos de manejar, de meternos en las filas y ocupar cuatro líneas para dar vuelta, aunque esté prohibido y estemos obstruyendo el paso. Pues así se mete Sergio a la carretera, a huevo, ¡que se jodan los demás!

Miro el reloj de una manera obvia y volteo los ojos hacia la ventana. Apoyo la frente en el cristal en señal de derrota; pero la entraña no me permite que ese momento pase, lo voy a joder hasta que lleguemos al aeropuerto, a ver si así me la vuelve a hacer. Poco a poco se me iba lo importante: me olvidaba de que Sergio y yo éramos un equipo, perdía las maneras de comunicarme con él, la rabia y la agresión tomaban posesión de mí, y la conciencia no se aparecía por ningún lado para frenarme en seco y cuestionar lo que hacía.

—¡Ya, Jessy! Te lo suplico. Vamos a llegar bien, confía en mí —dice, interrumpiendo mis lamentos.

Sin embargo, no quiero estar tranquila, quiero seguir expresando mi malestar. No me la estoy pasando bien por su culpa, ¿por qué tendría que hacérsela menos pesada? Esta guerra la ganaba yo, sin importar lo que me costara.

Las carreteras gringas en horas pico se convierten en estacionamientos gigantes, es una visión que angustia al más ecuánime. Después de treinta y ocho minutos, Sergio toma una salida para pasar a la gasolinera. Por supuesto nos encontramos con una cola de cinco coches y yo respiro para no soltarle todas las groserías que conozco.

Una hora después me deja en la salida internacional, mientras va a devolver el coche. Me bajo azotando la puerta y le digo que yo no me pienso llevar las maletas. Es una actitud ridícula de mi parte, lo sé: él va a tener que jalar el equipaje al camión que lo traiga de vuelta al mostrador de la aerolínea. Pero la furia no me deja pensar más allá.

84

La fila avanza y Sergio no llega, dejo pasar a varias personas porque no me permiten hacer el chequeo si no estamos los dos. Cuando por fin aparece, se mete entre la gente sin disculparse y llega al mostrador entre los vituperios de otros pasajeros. La señorita nos dice que están por cerrar el vuelo y que nos tenemos que dar prisa porque la fila para la seguridad está muy larga. Lo volteo a ver con ojos desorbitados, pero él hace caso omiso de mi mirada.

Sergio se acerca con el policía y le dice que tenemos prisa, que nos tiene que dejar pasar por otra fila que sea más veloz. Los policías gringos no están acostumbrados a que una persona cruce la línea de su campo vital, y en un acto de protección, el oficial se echa un paso para atrás, pone las manos enfrente y le dice:

—*You cannot talk to me like that! Take a step back, sir.*

Sergio sigue hablando, casi metiéndose en la línea mientras yo estoy detrás de él jalándolo, con un temor espantoso de que nos detengan. Lo insto para que nos formemos como el resto de la gente y esperemos nuestro turno, solamente estamos perdiendo tiempo hablando con el oficial.

—Ya lo hiciste enojar, carajo. ¡Vámonos! —le digo temerosa.

Una vez formados le reclamo su comportamiento, le digo que no puede hacer esas cosas. Me contesta gritando que las colas para pasar migración son insoportables, que los gringos están locos y que son unos paranoicos. Maldice a todo el mundo alrededor mientras que el policía de la entrada no deja de vernos. Yo estoy temblando: ahora resulta que el mundo entero tiene la culpa de que él no haya tomado las precauciones necesarias para evitar lo que nos sucede.

Finalmente llegamos al área de revisión. La mujer toma los pasaportes y se detiene en el de Sergio, mira su foto y luego lo mira a él, yo hago lo mismo. ¿No le molestará traer la barba cubriéndole la mayor parte de la cara? Y ¿qué onda con los pelos de Ciro Peraloca? ¿Cuándo habrá sido la última vez que se los cortó?

Afortunadamente nos dejan pasar. Después del numerito de las bandejas y de la máquina en la que tienes que separar manos y pies y dejar que el láser te monitoree por completo —claro que Sergio tuvo que repetirlo, porque se salió antes de que terminaran de escanearlo—, nos ponemos los zapatos, el suéter y el cinturón, y salimos corriendo hacia la puerta. De pronto suena su celular: es una llamada de trabajo que toma mientras corremos. Llegamos cuando están abordando los últimos pasajeros, respiro y pienso que lo logramos. Me acerco a la señorita con los pases de abordar en la mano, pero sin marido. Giro para darme cuenta de que está hablando por teléfono a unos metros de distancia, le grito para que se acerque porque todo el avión nos está esperando, pero me hace un ademán con la mano como diciendo "no me molestes". Yo vuelvo a gritarle advirtiéndole que me voy a meter y que si lo deja el avión, me vale gorro.

Entro y espero a que los últimos pasajeros guarden su equipaje para continuar caminando. Encuentro mi lugar y me acomodo, meto la mochila debajo del asiento y me asomo a la puerta para ver si el señor ya se decidió a entrar. Nada.

El capitán da la orden de guardar toboganes y ocupar puestos. El corazón me da un vuelco. Subo la mirada y lo encuentro: está entrando con una desfachatez abominable. Se deja caer en el asiento, se limpia el sudor con la playera, luego se pone los audífonos que están conectados a su iPod y sube tanto el volumen que hasta el pasajero de la primera fila puede escuchar la música. Se acomoda, cierra los ojos, cruza los brazos y se dispone a dormir por las siguientes cuatro horas y media.

Antes de tomar ese vuelo estábamos ya en otro avión: uno que iba en picada a una gran velocidad. La comunicación, basada en agresión explícita de mi parte y en agresión pasiva de la suya, nos estaba matando lentamente.

Teníamos todo tan cerca que era difícil verlo. Las trivialidades se fueron convirtiendo en bombas que íbamos plantando en el campo y que, más pronto de lo que suponíamos, iban a detonarse todas al mismo tiempo.

"Perspectiva y distancia", fue lo que me dijo mi sicóloga al regresar de ese viaje, "eso es lo que les falta." Pero en ese momento no entendí nada y le expliqué por qué era yo la que tenía la razón en todo lo que había pasado en esa visita a Estados Unidos. Necesitaba que la doctora validara mi comportamiento. Quería ganar… Pero ¿qué? ¿El premio? ¿A quién? ¿Cómo? Eso era lo de menos. Quería ganar.

# Otro viaje

## Sergio

Y sí, es un rollo con ella, cuando hay un viaje en mente brotan en mí sentimientos encontrados: me emociono y me arrepiento. Y es que cada vez es lo mismo, en vez de dejarse llevar por la cosquilla de la felicidad que experimenta el alma al saber que estaremos tirados y relajados en algún lugar lejano, conociendo, disfrutando y deslindados de la realidad, ella ya está preocupada por si debe llevar una maleta extra o pensando en si tengo los papeles listos y el hotel reservado.

La peor etapa del viaje es la previa a llegar al destino. Está el tema del equipaje. ¡Uta! ¡Qué tema! A mí me gusta viajar ligero, echo tres prendas en una bolsa y ya. Repetir ropa es lo que menos me afecta, prefiero eso y no tener que cargar maletas. No se necesita nada en un viaje, nada. Solamente estar, y si se comparte con algún ser querido, mejor. Nunca faltarán tiendas para comprar lo que sea en caso de olvido.

Y luego esas horas previas a salir, horas ajetreadas y molestas, y ella con sus presiones para llegar al aeropuerto horas antes de que salga el vuelo.

—¡Por favor! Tenemos que despertarnos a las cuatro de la mañana… ¡Ya duérmete! —me jode.

¡No… no! ¡Qué afán! ¿Aún no se da cuenta, después de tantos viajes que hemos hecho, de que yo logro las cosas de manera distinta al resto de la gente? Cuánto me emputa la sensación de presión, de que esté cuidando cada paso que doy, que me esté viendo con ojos castigadores de *¿yaaaaaaa?*

Una de las peores experiencias es tener al taxi esperando afuera. Al señor que viene por nosotros le dicen *El Pollo* y es del equipo de Jessica; lo citas a las 5 a.m. y el tipo está desde las 4:25 limpiando su auto afuera de la casa. Obviamente mi mujer se asoma por la ventana para verificar que el taxi haya llegado. Yo la miro y sé que está a punto de gritar su enervante: "Ya está el taxiiiiii", pero yo soy el aprensivo, según ella.

Entonces empieza el baile para revisar que el gas esté apagado, las llaves del agua cerradas, las ventanas con seguro… Luego cargar maletas, bajar cosas, subir otras, revisarlas, y para cuando me meto al Tsuru del señor, estoy chorreando sudor; y luego en el puto aeropuerto nunca prenden el aire acondicionado, y como ella no me deja meterme a las filas, pues peor aún, me siento aprisionado y con una tremenda urgencia por llegar a nuestro destino e irnos a la cama para dormir como bebés.

Yo no puedo hacer colas de manera convencional, siempre buscaré y hablaré con alguna persona, le inventaré lo que sea para persuadirla de que me permita meterme sin esperar. Entiendo que es mejor prevenir que lamentar, pero así me hice, así crecí, eso me tatuaron en la programación mental para hacer que la adrenalina aumente antes de un viaje. ¿Está mal? Puede ser… pero ése soy yo.

No tolero ser el primero en subirme a un avión y sentarme a papar moscas por tres horas mientras veo el movimiento de las personas para subir sus maletines, sacar cosas, guardarlas, sentarse, pararse. El boleto está numerado, nadie ganará mi lugar; *ergo*, me parece ridículo formarme en una absurda fila a recibir los pisotones del que está parado detrás y que empuja de manera sutil pretendiendo agilizar las cosas. Me parece ridículo que entren apretujándose como si fueran parte de un enorme rebaño. Después del relajo, entro yo para verles las caras a los pasajeros y que me regresen miradas como diciendo: "Ahí viene el último". Me gusta que sepan que dominé el pasillo y ellos llevan media hora incómodos en sus pequeños asientos. Yo voy a volar igual que ellos y llegaré al mismo tiempo y al mismo destino.

Tengo un tema con la justicia, y lo que no entienden ni Jessica ni nadie de los que me rodean, es que yo no me quiero aprovechar, tampoco quiero sacar ventaja de las situaciones. Lo que consigo gracias a mis múltiples quejas es en un afán por hacer justicia. Ella no valora todo lo que he conseguido en la vida, sólo se fija en los relajos que hago para obtener algo. A veces me gustaría ser valemadrista, callarme y conformarme con lo que me dan, pero simplemente no está en mí, no es mi personalidad, y no lo será jamás. Otro punto más en el que me siento completamente alejado e incomprendido por Jessica.

Los viajes empezaban siendo motivo de emoción, y terminaban por ser una pesadilla de la cual, invariablemente, me urgía despertar.

# De esposa a esclava

## Jessica

Hotel Marriott, Polanco, noviembre de 2005.

—Mi amor, ¿qué hacemos con el tema de los hijos? Ya le hemos dado miles de vueltas al asunto... —digo, mientras tengo la mirada perdida en dos niños que pasan corriendo junto a nosotros. Luego le tomo la mano a Sergio y continúo—: ¿Te imaginas a un Sergito corriendo por ahí? Me muero de la ternura, ¿qué dices?

Después de aquella mágica tarde en el Marriott de Polanco, decidimos que intentaríamos embarazarnos. Yo me embarqué en la aventura leyendo todos los libros que encontré que tenían que ver con el tema, desde qué hacer para crear un ambiente propicio en el cuerpo hasta cómo amamantar y lo que encontraría en el camino.

Dos meses después me embaracé, y con mi nuevo estado no llegaron todas las bondades que se contaban en los libros: sólo se aparecieron las náuseas, los dolores de panza y los terribles mareos y agruras, síntomas que no desaparecieron hasta que nació Sebastian.

El plan alimentario rico en vitaminas y minerales también se fue por un tubo debido a la imposibilidad para tolerar cualquier tipo de fruta o verdura. Lo único que lograba digerir eran chicharrones con chile, churrumais y coca-colas. No tenía hambre por dos, tenía hambre por todo el vecindario; no podía dejar de comer.

Me era imposible dejar de llenarme de porquerías, así que intenté hacer ejercicio. Me iba cerca de casa de mis papás a caminar en un circuito que mide un par de kilómetros, pero nada más ponerme los pants, amarrarme las agujetas y manejar hasta su casa ya me agotaba, y luego había que estacionar el carro y caminar hacia el circuito. De modo que antes de empezar el ejercicio ya me había quedado sin aire y tenía que descansar y comer algo; porque el agotamiento físico me despertaba un hambre que si no era atendida en ese preciso instante, me provocaría náuseas. Cada visita al ginecólogo era un suplicio, pues salía regañada por estar subiendo de peso con una rapidez insuperable.

El bebé fue creciendo dentro de mi enorme panza, y cada vez me resultaba más difícil conciliar el sueño: si no eran los constantes viajes al baño, era el bebé recostándose en la ingle o las agruras que sufría debido al exceso de cítricos y de grasas ingeridas durante el día. Así que marcaba los días en el calendario añorando el momento de expulsar las razones de mi incomodidad, y con ellas, algunos kilos.

Diez meses después estábamos sentados en la sala de nuestro departamento rentado en Santa Fe. Bueno, eso de sentados... la verdad es que yo ya no podía estar de ninguna manera, tenía una gigantesca panza y 27 kilos encima, que quién sabe dónde acomodé en mis 1.59 metros de estatura. Sergio estaba frente a mí prestando atención.

—Quiero que nos tomemos un momento para despedirnos, pues lo que viene es un cambio radical de vida; dentro de unas semanas tendremos a nuestro cargo a un bebé que va a requerir de toda nuestra atención y cuidado.

Sergio me abrazó sin comprender muy bien mis palabras. Yo tampoco sabía lo que estaba diciendo, pero podía intuir, después de ver a dos amigas cercanas, que con un infante la vida cambiaba de formas inimaginables. Por otro lado, necesitaba que naciera el chamaco, estaba esperanzada en que el nacimiento de mi hijo aliviara los pesares que el embarazo me había traído. Dicen por ahí que es el estado ideal de la mujer; supongo que ese brillante comentario lo dijo alguien que nunca ha gestado a una persona. Sergio no sabía muy bien qué esperar, lo que sí deseaba —aunque nunca lo habría aceptado— era que yo me dejara de quejar.

Unos días después de aquella plática, recuerdo estar sentada y sentir, de pronto, que mis pantalones —los únicos que me quedaban— se empapaban; llamé a Sergio de inmediato.

A las 10 p.m. ingresé al hospital. Unos minutos después de que llegamos, hicieron su aparición los familiares y mi maestra de yoga. Cuando mi ginecólogo la vio, pegó de gritos y me dijo que me había advertido que no quería brujas haciendo cosas raras y prendiendo velas en el hospital. Lo tranquilicé y le presenté a Kika, le dije que ella hacía ejercicios de yoga para hacer el parto más llevadero y que habíamos practicado algunos para abrir las caderas. Mi doctor y mi maestra entablaron una conversación que terminó con un ginecólogo avergonzado por prejuicioso y una maestra de yoga con chamba nueva, pues a raíz de ese afortunado encuentro, se abrió un centro de yoga prenatal en el Hospital ABC de Observatorio.

Por mi parte, me dio gusto encontrar a un exalumno que estaba cursando el internado en ginecobstetricia. Me preguntó si sería cómodo para mí que presenciara el parto.

—Claro, me dará mucho gusto —contesté sin tener idea de lo que el pobre chico estaba por escuchar salir de mi boca.

Siete horas después, con nueve centímetros de dilatación, cero drogas en la sangre y un dolor que jamás había experimentado antes, me acabé de ida y vuelta todas las groserías que sabía. Poco me importó que estuvieran presentes mi exalumno, mi papá y demás personajes ajenos a mi dolor.

—¡Ay, pobre de ti! —me dijo Sergio con la respiración apretada—. ¿Cómo aguantas? ¡Estás pálida! Creo que me voy a desmayar. El bebé está bien, ¿verdad?

—¿De qué estás hablando? ¿Sabes qué? Ya no quiero que entres, neta, me estás poniendo muy mal… no tienes ni idea de… —llegó otra contracción, cada vez eran más seguidas y más desgarradoras—. Dile a mi papá que entre y a ti no te quiero ver, me espanta la cara que traes. ¡No me estoy muriendo, güey!

Mi papá es dentista, pero le gusta la medicina en general y conoce los conceptos básicos, además de ser una de esas personas que dan paz y saben qué hacer cuando se presenta una emergencia. Fueron su semblante y sus palabras de aliento los que me ayudaron a sobrepasar ese momento en el que sentí que mi cuerpo se deshuesaba, como cuando le arrancas las piernas a un pollo para saborear mejor la carne y chupar los huesos.

Dilaté un centímetro cada hora, y la intensidad de las contracciones y el dolor no me permitían sentir mi cuerpo. Cuando llegué a los nueve centímetros de dilatación, le imploré al doctor que me pusiera la epidural, pero él —que al principio del parto reiteró que era una estupidez tenerlo psicoprofiláctico, cuando existen drogas efectivas y poco invasivas— me dijo que no, que le "echara ganas", que estaba a sólo un centímetro de estar lista para parir.

Me llevaron a la sala de expulsión. El doctor me pedía que pujara y yo pensaba que lo hacía, pero claramente la intensidad no era la deseada. El dolor anestesió mi cuerpo, y el asistente, en un acto desesperado, escaló la mesa y se subió en mi panza para ayudarme a empujar a Sebastian.

Finalmente, el bebé nació fuerte y sano, y yo perdí únicamente siete kilos de los veintisiete que llevaba puestos. Pero no le di mucha importancia al sobrepeso: lo único en lo que podía pensar era que, por fin, dormiría una noche completa.

Al segundo día salimos del hospital, una feliz familia de tres. Llegamos al departamento y acostamos al bebé sobre la cama sorprendidos de que fuera tan sencillo. El recién nacido dormía plácidamente, así que Sergio y yo nos sentamos a platicar sobre el futuro.

Yo tenía la ilusión de amamantar a mi niño el primer año. El problema fue que ninguna parte de esa fantasía fue sencilla. El bebé tenía un reflujo severo que el pediatra intentó aminorar con una cantidad sustanciosa de medicinas. Por otro lado, amamantarlo se volvió un viacrucis: Sebastian se desesperaba y lloraba, yo lloraba también mientras mis pezones se secaban cada vez más y unas grietas espantosas aparecían como augurio de un sufrimiento que no tendría fin. Sentía que durante el día y la noche, en cada doloroso segundo que pasaba, el bebé estaba pegado a mi chichi. El niño se convirtió en una ruidosa extensión de mi cuerpo. Los días y las noches comenzaron a correr despiadados, provocando una privación de sueño abominable porque, a pesar de todos mis esfuerzos, no lograba dormir durante el día.

Yo era una mujer orgullosa y valiente... Pero hoy que lo veo en retrospectiva, me autodenomino como pendeja y obstinada. En mi ridícula "autonomía", no acepté ayuda de mi madre, de mi hermana, de mis tías ni de nadie que quisiera acercarse a mi pequeño y caótico mundo.

Mi felicidad se reducía al sushi que ocasionalmente pedía por teléfono; a la película *Cuando un hombre ama a una mujer*, con Meg Ryan y Andy Garcia —que, por cierto, es una de las peores películas en la historia—, y al frappuccino que me traía mi papá las noches en las que pasaba a visitarnos. El resto de mis días era un martirio.

Los sentimientos de violencia se apoderaron de mí cuando Sebastian cumplió dos meses. Era una madrugada fría, estábamos durmiendo los tres en el mismo cuarto y, como cada hora, desde hacía un par de meses, el bebé comenzó a llorar. Me levanté de la cama sintiendo un mareo que incrementaba con el paso de los días y me dirigí al baño con el sonoro llanto del bebé como música de fondo.

Cuando salí, admiré por unos segundos la escena: el recién nacido gritaba a todo pulmón y su progenitor descansaba, roncando, plácidamente desparramado en la cama. Exploté en furia, lo desperté y le pedí que se fuera a dormir al otro cuarto. Sergio, sin saber muy bien lo que sucedía, me pidió una explicación. Le dije que sería más lógico hacer el cambio, puesto que él tenía que trabajar al día siguiente. Accedió y fue así como las noches que siguieron a ésa, por muchos, muchos meses más, Sergio y yo dormimos en habitaciones separadas.

Las demandas del pequeño no disminuyeron con el paso del tiempo; por el contrario, sus ataques de reflujo se fueron haciendo más agudos. El último y más grave me obligó a salir a las ocho de la noche de Santa Fe hacia el consultorio del doctor que se encontraba en Virreyes. Si alguien ha estado en Santa Fe a las ocho de la noche, montado en un vehículo, ha sentido la profunda desesperación de tener delante una alfombra de luces que simplemente no se mueve.

Mi desesperación me llevó al borde de la locura. Traía en el asiento trasero a mi bebé ahogándose, y al mismo tiempo tenía que luchar en contra de un tráfico infernal con gente muy poco decente a la que parece que se le va la vida si cede el paso. Después de una eterna hora, llegamos al consultorio y atendieron a mi hijo.

De regreso en casa, una vez que pasó la crisis, le informé a Sergio que el sábado haría una cita para darme un masaje. Sebastian tenía seis meses y mi marido no se había encargado del bebé ni siquiera cinco minutos, era ya momento de que lo hiciera. Nunca se sabrá si Sergio aceptó por gusto o por obligación, pero aceptó.

Por fin llegó ese glorioso sábado. Después del masaje, que debería haberme relajado casi por completo, manejé a casa con angustia en el pecho. Sentía el latir de mi corazón que se aceleraba con cada paso, pues presentía que algo terrible había sucedido en mi ausencia.

Al abrir la puerta del departamento, me encontré con un completo y rotundo desastre: pañales por doquier, mamilas tiradas y un bebé que lloraba desaforadamente. Sergio traía los pelos parados como si hubiera metido los dedos en el enchufe; las cortinas de la casa estaban cerradas y había sábanas tiradas, medicinas abiertas y un olor fétido que provocaba náuseas.

—¿Qué pasó aquí? —pregunté alarmada.

—No sé qué tiene el niño; te juro que no ha parado de llorar desde que te fuiste. No entiendo, le di de comer, lo cambié... ¿Por qué no deja de llorar?

Una tranquilidad inmensa y una felicidad absoluta invadieron de pronto mi interior, a pesar del caos: finalmente alguien se había puesto en mis zapatos y había sentido por una hora lo que implicaba tener a un bebé llorando sin interrupción, lo que significaba ser la pobre esclava de un recién nacido.

Nadie, nadie que no haya tenido a un bebé pegado a su chichi veinticuatro horas, siete días a la semana, por meses y meses y meses y meses y meses, puede criticar o etiquetar de histérica, bruja, loca o cualquier otro adjetivo a una madre.

Nadie.

Nadie.

Nunca.

# De marido a mayordomo

## Sergio

¿Qué sentir? ¿Qué pensar? ¿Cómo moverse? ¿Quedarse parado? ¿Sentado? ¿Caminar? ¿Entrar al cuarto? ¿Ofrecer apoyo? Y de ser así, ¿cómo? ¿Cuánto? ¿Dónde acomodar el nervio, el miedo, la incertidumbre? ¿Cómo quejarse cuando la que sufre es tu esposa? ¿Hablar con los familiares? ¿De qué?

Seguramente habrá quienes piensen: "¡Uy!, ya va a llegar el primero, y ahora, ¿cómo le haremos con los gastos?". Estarán también los que se regocijen sintiéndose machos, pensando cuán poderosos son por traer hijos al mundo. Y otros que se dejen conmover, sensibilizándose ante la posibilidad de experimentar un nuevo amor: "¡Gracias, vida! Hoy seré papá".

Recuerdo perfectamente la noche en la que empezaron las contracciones, la danza del dolor, las risas, las groserías, las carreras, la gente, las enfermeras, pasantes, doctores… Ése fue el encuadre de uno de los momentos más intrigantes de mi existencia.

Fue una espera aguda, y eso que no lo cargué en mi vientre los nueve meses. Ahí estaba ella acostada, sentada, parada, caminando, inclinándose, ejercitándose y haciendo demás malabares junto a su maestra de yoga, mientras yo sentía que me desmayaba con el olor del hospital. Los familiares esperaban afuera y yo miraba el reloj, revisándolo cada trece segundos, me sentía ansioso tratando de ponerle palabras a lo que pasaba por mi mente. Esa madrugada nacería mi primer hijo, un varón, tal y como lo deseaba, sabíamos hasta el nombre que le pondríamos.

Sin embargo, en lo más profundo, reinaba el miedo. Sí, mezclado con las ganas, emoción y alegría, pero, al fin y al cabo, prevalecería el miedo, miedo a lo nuevo, a lo real, a lo desconocido.

De pronto escuché la voz de la enfermera pidiéndome que la siguiera al cuarto de expulsión. El bebé estaba por nacer. De ahí… movimiento, gritos, batas verdes, pasantes, enfermeras, y yo sentía que me desmayaba al ver la sangre y la cara de mi esposa. El doctor me enseñó a mi hijo, que más bien parecía un costal de cemento, bañado en fluidos grises a través de los cuales era difícil distinguir la forma humana. Luego todo pasó en cámara rápida, el cuarto, las luces, la familia, más enfermeras, cuentas interminables, llamadas al seguro, visitas, regalos, y el bebé que aparecía y desaparecía del cuarto. Jessica en otro mundo, y yo en el de al lado.

En un santiamén teníamos al crío en casa. Todo indicaba que sería un niño tranquilo, pues cuando lo pusimos sobre la cama, no se escuchaba ni su respiración. Yo lo miraba sin lograr entender que lo que tenía recostado envuelto sobre la cama era mi hijo, un bebé de verdad que era mi responsabilidad; así, en esa mirada de reconocimiento y asombro, me convertí en padre, en un padre aterrado pero contento, confundido y a la vez agradecido… En ese instante me transformé en el mayordomo de mi esposa y en el sirviente de mi hijo.

No sabía qué hacer. No sabía ni esterilizar un alfiler, mucho menos poner un pañal. No tenía la más recóndita idea de cómo cargar a esa cosa, ni cómo darle la mamila y al mismo tiempo detenerle la cabeza. Así que di un paso atrás y me proclamé neófito en la materia, pero dispuesto a aprender. Jessica, sin embargo, ya se había comido diez libros de lo que le esperaba en el parto, de cómo ser madre, de la lactancia, del baño y hasta de qué canciones cantarle mientras dormía.

A ella la atacó la depresión posparto. Dicen que es normal; no recuerdo si tomó o no el omega 3, pero de que estaba en una actitud distinta, lo estaba. Había minutos de paz y sonrisas seguidos por instantes álgidos y de temor, porque de pronto, y sin explicación, Jessica explotaba endemoniadamente si le daba un trapo que no era el que ella quería.

Los días pasaban y ella se estrenaba como mamá profesional y cuidadora incansable. Al mismo tiempo, su obsesión —¿qué esperaban?, obviamente mi esposa era un manojo de nervios y una compulsiva con experiencia y medallas— se agudizaba. Yo intentaba entenderla y apoyarla, nunca dudé de una sola decisión que tomó, nunca dije ni pío acerca de las reglas que determinaba para el cuidado y protección del bebé.

Jessica me ofreció —en su mejor juicio en esos momentos— que durmiera en la habitación de al lado con el fin de que descansara.

—Tú tienes que pararte temprano para trabajar, de nada sirve tenerte en la cama despierto, viendo cómo amamanto al niño. No me puedes ayudar. Duerme bien, que por lo menos uno de los dos lo logre…

—Te ayudo a darle mamila en las noches.

—Gracias, pero ya sabes que soy partidaria de amamantar por lo menos los primeros ocho meses.

La primera noche en la que dormí solo, pensé que tenía a una joya por esposa. ¡Qué clase de mujer ofrece algo así! Fue algo excepcional, pero no nos dimos cuenta de que ése sería, justamente, el inicio de nuestra separación.

Ella, por supuesto, lo había hecho sin dolo y con la fiel creencia de que me ayudaría y que era lo justo y correcto. Yo lo tomé como un gran premio proveniente de la gran mente de mi inteligente cónyuge, y así lo hicimos: durante seis meses dormí solo en la otra habitación. Dormía de lujo, estaba al cien por ciento. Eso sí: al niño, ni lo veía. Me iba a las ocho de la mañana al trabajo y regresaba muy noche. Pasaba doce horas en mi oficina perdiéndome de todo: los llantos de desesperación del crío, los llantos de ella por estar abatida y exhausta. También me perdí de las sonrisas de mi hijo al ver un rayo de sol pegar en su cuna, me perdí de ver a mi hijo ensuciar todo con sus babas y sus papillas, me perdí de la dicha de verlo dar sus primeras patadas o de mirarlo sonriéndole a su mamá. Me perdí también del agobio que sintió mi esposa por no tener tiempo ni siquiera de sentarse a respirar unos segundos.

Intentaba que los momentos en los que estaba en casa fueran los menos porque…

Sergio, me pasas el trapo.
Sergio, me jalas el banquito.

Sergio, me esterilizas esto.

Sergio, me traes una mamila.

Sergio, vas a la farmacia y compras…

Sergio, me haces un jugo.

Sergio, me pasas el antibacterial.

Sergio. Sergio.

Sergio. Sergio. Sergio

¡Ya!

¡Yaaaaa!

Para esas alturas detestaba escuchar mi propio nombre. Ya no era un esposo, no era un papá recién estrenado, no era un ser vivo que habitaba esa casa; era sólo un "correveidile", un mayordomo profesional. Y aunque detestaba mi nuevo papel, lo prefería en comparación a lo que Jessica tenía que hacer.

Ella se encargó del bebé por completo. Mi absurda postura me orilló a perderme del crecimiento de mi primogénito y además, a cuentagotas, mi esposa y yo avanzábamos por caminos que no se estaban acercando entre sí.

# Aterrizaje forzado

## Jessica

Una sensación húmeda me despertó. Estaba muy cansada, así que me quise convencer de que no era nada. El embarazo traía consigo una serie de eventos inexplicables y confié que esa extraña sensación sería uno más. Todavía faltaba más de un mes para que naciera Camila.

Fui al baño a tientas, y cuando miré el retrete vi algo de sangre en el agua. Entonces pasé esos segundos de negación que se esfumaron en cuanto Sergio entró al baño.

—¿Qué pedo, Jessy? ¿Qué tienes?

—No sé, creo que hay que llamar al médico.

Y lo que pasó después lo recuerdo sólo como una secuencia de hechos atropellados. Llamamos a mis padres para que se quedaran con Sebastian. Me vestí, me lavé los dientes y agarré una manzana, creo, porque el hambre había sido una constante en mis dos embarazos, y el miedo que sentí en esa ocasión no la ahuyentó.

—Te tengo que decir una cosa, pero, por favor, no te angusties —dijo Sergio en el coche, mientras manejaba como un maniaco—. Tu seguro venció ayer y no tuve dinero para pagarlo. ¿Tú crees que puedas aguantar para no tener a Camila hoy? Digo, nada más en lo que arreglo los papeles.

—¿Qué? ¿De qué chingados estás hablando? ¡No lo puedo creer! ¡Mírame! Me estoy desangrando —dije, soltando lágrimas de rabia. Estaba sosteniendo la panza entre mis manos y sentía cómo se caía un poco más con cada grito—. No puedo lidiar con tus pendejadas ahora, a ver qué haces.

Llegamos al hospital a las diez de la mañana. El doctor nos estaba esperando en la puerta. En cuanto entré me llevó al baño de la recepción, y tras ver la escena, salió sin decir palabra y movilizó a su equipo. Yo me quedé en el baño y me miré en el espejo; no me reconocí, sólo vi cómo el pánico se apoderaba de mí, me desplomé sobre la tapa del escusado y comencé a llorar. En ese momento entró una doctora joven que me dijo que no pasaría nada, que confiara en ella. Le tomé la mano y le pedí que no me soltara; en aquel momento, ella fue mi salvación. No recuerdo su cara ni su nombre, pero sé que sin ella me hubiera perdido en un mar de malas premoniciones y oscuridad. Me puso una bata y me ayudó a subir a la camilla para llevarme a toda velocidad al quirófano.

Recuerdo que cuando entramos se escuchaba una canción de U2 y hacía un frío gélido en la sala. El anestesista se presentó como mi "hada madrina".

—No te preocupes, bonita. Aquí traigo todo lo que necesitas para que este viaje sea placentero —dijo con una gran sonrisa.

Me inyectaron e inmediatamente la anestesia fluyó por los tubos transparentes que me habían conectado de camino a la sala de operaciones.

—¿Sientes? —preguntó mi ginecólogo mientras me tocaba el vientre.

—Sí —respondí.

—Más —le indicó al anestesiólogo.

—¿Sientes? —preguntó.

—Sí —respondí de nuevo.

—Más…

Después de algunas rondas idénticas, la piel y los músculos cedieron a las drogas, para dejarse adormecer. Entonces el doctor cortó las tres capas y sacó a Camila justo cuando la canción de U2 terminaba. Sólo recuerdo ver un bulto rojo y gris salir de mi panza; la escuché llorar y luego me perdí en el maravilloso universo de las drogas.

Después de años me enteraría que de camino al quirófano Sammy, nuestro doctor, le preguntó a Sergio si salvaba a la bebé o a mí. El diagnóstico al llegar al hospital fue desprendimiento de placenta al sesenta por ciento. Si llegaba al setenta, Camila y yo nos despedíamos del mundo. Llegamos a las diez de la mañana al hospital y Camila nació a las diez y cuarto: por poco no la libramos.

Le estaré eternamente agradecida al doctor Kogan que nos salvó a mi niña y a mí. Es en esos momentos de vulnerabilidad en los que cobramos conciencia de lo frágiles que somos. De lo rápido que las cosas pueden cambiar… La noche anterior me había ido a dormir tranquila y confiada, sin siquiera imaginarme que en las horas que siguieron la vida de mi hija y la mía estarían en peligro. Ahora la veo enorme, independiente, preciosa y no puedo evitar mandarle un agradecimiento profundo y enorme a Sammy, que logró con temple, valentía y experiencia burlar a la Flaca para que no nos llevara con ella.

Los quince días que siguieron al nacimiento de mi niña fueron una serie de acontecimientos que mi cuerpo vivía, pero a los que mi alma se resistió a asistir. Iba dos veces al día al hospital para ver a Camila un rato, sacarme leche y dejarle la mayor cantidad de biberones preparados. En la sala de espera me encontré con otras mamás que también tenían a sus hijos en el hospital. Recuerdo dos que fueron las que más me impactaron: una venía de Cancún, a su hijo se le había salido el líquido cefalorraquídeo y le daban muy pocas oportunidades de vida. Otro había crecido fuera de la matriz de su madre y era muy pequeño. Cada día que pasaba fallaba otra parte de su cuerpo.

Recuerdo también a una señora repartiéndonos estampas de santos a los que —sin importar nuestro credo— les rezábamos con fervor. Los lazos que se generan en el dolor son inquebrantables, y aunque en ese momento no lo vi, fueron esos lazos los que me ayudaron a sobrellevar esos días de angustia y dolor.

Cada día, al llegar al hospital, caminaba por el pasillo que llevaba a terapia intensiva y me asomaba por un hueco que había entre la cortina y la pared por donde se veían las cunas de los bebés. Siempre la misma tortura, la misma prisa por constatar que mi hija estuviera viva. Esos pasos entre el elevador y las puertas de entrada a terapia eran presagio de una tragedia en mi cerebro.

Lo que pasó con Camila nos sacó de nuestra zona de adormecimiento y puso a toda la familia a girar. Primero que nada, nos empujó a la religión: estaba dispuesta a convertirme a lo que fuera con tal de salvar a mi niña. Mi pensamiento racional se fue por el caño; me tenía que asir a algo, a lo que fuera que no estuviera dentro de mí. Sergio y mi papá fueron al templo y le cambiaron el nombre que le habíamos dado a Camila en hebreo, y le pusieron Haya Lea, que quiere decir *fuerza*. Conocidos, y conocidos de nuestros conocidos, rezaron por ella y tuvieron muestras de solidaridad que nunca olvidaré.

Una gloriosa mañana Camila alcanzó por fin los dos kilos que necesitaba para que la pudiéramos llevar a casa. Estábamos felices: no más hospitales, no más dejar a Sebastian encargado, no más angustia por dormir lejos de ella. Por fin la herida de la cesárea cicatrizaría sin las idas y venidas del hospital y sin las incómodas posturas que tenía que tomar por horas para sacarme leche.

Sin embargo, y sin que yo se lo confesara a nadie, el miedo se fue apoderando de mi alma. *¿Y si algo le pasa a Camila y no podemos hacer nada?*, pensaba con temor. Me sentía culpable por preferir que mi hija estuviera en el hospital, donde la intuía a salvo.

Las noches comenzaron a pasar sin darme tregua porque la bebé no paraba de llorar, y cuando lo hacía, mi mente me planteaba escenarios espantosos que me costaba mucho acallar. Además, justo en esa época Sebastian empezó a tener pesadillas casi a diario. Me pregunto si él y yo caminábamos por los mismos senderos terroríficos. Esas noches tenían muchas horas de oscuridad y de premoniciones.

—Esto no es normal —decía Sergio—, algo anda mal con la niña.

Yo no le hacía caso porque entre el cansancio, la depresión, el cansancio, la preocupación, el cansancio, el desgano, el cansancio, la desesperación, el cansancio... no encontraba la entereza para que nada de lo que pasaba tuviera algún tipo de coherencia.

Una tarde, después de un par de meses de que Camila salió del hospital, me fui con el pediatra temprano para ser la primera en entrar a consulta, pues no se agendaban citas. Cuando llegué, el doctor Menéndez salió de su consultorio y me preguntó qué hacía ahí tan temprano.

—Me gusta ser la primera en entrar, doctor, pero no se preocupe, le doy de comer a Cami en lo que empieza la consulta.

—No, hija, ya estás acá, pásale.

La bebé tenía hambre y pegaba unos alaridos que se escuchaban a kilómetros a la redonda. Cuando el doctor abrió el pañal, una bola del tamaño de una mandarina se asomó por el vientre de mi hija.

—Eso no lo tenía, doctor, se lo juro... —balbuceé asustada—, ¿qué es?

El doctor cerró el pañal y me dijo que bajara con el cirujano pediatra en ese instante, que no teníamos tiempo que perder. Camila tenía una hernia inguinal y había que operarla de emergencia.

Por cuestiones del seguro —que había sido un lío de terror— tuvimos que esperar al día siguiente a las seis de la mañana. Esa noche Sergio y yo tomamos turnos para cargarla y mecerla por toda la casa, para evitar que llorara y que la hernia se botara.

Sentí una gran tranquilidad de ver al doctor Menéndez llegar a la operación, y sin pudor ni distancia lo abracé y le pedí que la cuidara. Entré con la chiquita —que se veía flaca y completamente indefensa— a un cuarto para que le pusieran el suero y una máscara con un anestésico. Recuerdo estar acostada en la cama junto a ella y ver cómo los llantos cesaban y poco a poco se perdía en el profundo sueño de la anestesia. Las lágrimas rodaron por mis mejillas. Extrañé sus gritos, sus gemidos y la vida que había en ella. Temí que nunca volviera a abrir los ojos y me llené la cabeza con historias de terror, de esas que la gente atina a contar justo cuando se está viviendo una situación por el estilo.

Después de eternas horas, la operación terminó.

—Ya la está cerrando el doctor Ruano —dijo el doctor Menéndez, mientras salía de la sala de recuperación—. Nos encontramos con que tu hija tenía una hernia bilateral y se le estaba saliendo todo por el hueco, de milagro no se quedó estéril.

Abracé al doctor y le agradecí que hubieran salvado a mi niña.

—No me agradezcas a mí, hija. Agradécele al que está arriba, porque de verdad que en esta ocasión Él estuvo ahí.

Regresar a la casa y estar los cuatro en silencio fue una experiencia nueva. Desde que Camila había llegado a nuestras vidas, no había parado de llorar. Sergio y yo nos mirábamos sorprendidos, no queríamos decir nada, nos sentíamos temerosos de que las palabras rompieran el hechizo y el caos volviera.

Después de algunos días recordando la pesadilla que habíamos vivido, confesé la tremenda culpa que cargaba.

—¿Cómo no lo noté, Sergio? Nuestra hija tenía una hernia y yo no me di cuenta…

—No te claves, eres una buena mamá y lo sabes. ¿Por qué no te vas a comer con tus papás? Yo cuido a Cami y a Sebastian, y tú te relajas un rato.

Nos quedamos de ver en el Contramar de Polanco. El recorrido de la casa hasta allá fue largo. Llevaba mucho tiempo sin manejar; pensé que sería un trayecto tranquilo, por no tener que aguantar llantos ni quejidos, pero me equivoqué. Mi cuerpo estaba en estado de alerta y no podía relajarme. Con cada bache o sonido de algún coche o claxon, brincaba, como si los ruidos fueran preludio de una catástrofe. De pronto, durante varias cuadras, mi mente se ausentaba de mi cuerpo, y cuando la conciencia regresaba, me tomaba por sorpresa, generándome el malestar de no saber dónde me encontraba. Me costaba unos segundos entender que seguía en el coche y que los niños estaban con Sergio en la casa. Que todo estaba bien.

Llegué al restaurante sintiéndome un extraterrestre. Me arreglé la playera y el pelo varias veces antes de bajar del carro. Me vi en el espejo sin saber muy bien para qué. Ese rostro se veía cansado, harto, las marcas de hastío se reflejaban en cada expresión. Se me notaba por todos lados. *Ni cómo esconderlo*, pensé y me bajé del auto resignada.

En la mesa mi familia hablaba de cosas de las que no me enteré. Yo sólo quería respirar y estar en contacto conmigo, aunque no sabía bien cómo. Interactuar con el mesero y tener gente extraña a mi alrededor se sentía como una novedad.

Pedí un pulpo a las brasas que me supo a gloria, pero tan pronto terminé de comer, me entró la urgencia de volver a casa. Me despedí y salí corriendo como si algo hubiera pasado.

Estaba segura de que, en el momento en el que abriera la puerta, me encontraría con alguna tragedia.

Sentí un gran alivio de que todo estuviera bien, pero apenas crucé el umbral empezaron los llantos y, con ellos, la urgencia por salirme de la casa de nuevo. Sólo que esa vez quería irme en dirección a Polanco y seguir y seguir y seguir. Quería irme rápido y en silencio para ver si mi conciencia no se percataba de mi ausencia y podía por fin tener algo de silencio, silencio real.

Años después, cuando Sergio y yo hablábamos de los niños, me sorprendía lo poco capacitados que estábamos para tener hijos. Somos seres incompletos, llenos de dudas e inseguridades. Buscando mamás y papás sustitutos y peleando con los nuestros. Tratando de encontrar un lugar propio en el mundo mientras luchamos contra nuestros enormes demonios. Intentando reafirmarnos, buscando un sitio en el que seamos apreciados tal cual somos.

Tenemos niños siendo nosotros mismos niños que buscan desesperadamente amor. Enojados por las injusticias y moviéndonos con lo que hay, mucho o poco. Deprimidos, enojados, contentos, eufóricos, ávidos de cercanía, necesitados de espacios. Carentes de pasiones o descubriendo nuevas. Así somos nosotros, que cuidamos de ellos, y ellos nos creen tan seguros, tan en control…

A pesar de todo lo que nos pasó después, siempre estuve convencida de que acerté en la elección de padre para mis hijos. Y ése es un regalo, enorme, inexplicable, que llena de paz mi alma. Porque somos un par de niños criando niños, pero, por lo menos, lo hacemos con la conciencia de que ellos no son los culpables de nuestro fracaso y que la trampa está en confundirnos y ponerlos en medio, ubicarlos dentro de la pelea, hacerlos parte de nuestras diferencias.

# Una de tantas o una de tontos

## Sergio

Noche, 22:44 de un vil martes. De una vil semana. De un vil año, como cualquier otro.

Una vil noche… igual a todas las demás que transcurrían con nosotros dos sentados frente al televisor.

—Es tarde, me voy a dormir —dijo Jessica.

—Está bien, adelántate, yo subo más tarde.

—¿Y por qué no te subes ya y así duermes un poco más?

—No, no. Veré un rato la tele, yo no puedo dormirme a esta hora.

—Que duermas bien cuando te duermas, ¡ja!

*Y que tú amanezcas llena de energía*, pensé con amargura.

Después de un beso tirado al aire, un abrazo y el sonido de sus pasos en la escalera comencé a ver una película cualquiera, no recuerdo el nombre ni la trama ni los actores; para esas alturas ya veía cosas sólo por verlas, sin prestarles atención. En mí no había fluidez, más bien estaba invadido de desesperación, de agobio por la tensión que se vivía en casa y por un hastío que llenaba el estudio en el que hacía apenas unos años disfrutaba cada segundo.

De pronto, desde arriba llegó un semigrito a mis oídos. Puse en silencio la televisión y dije:

—¿Qué onda?

—Sube.

—Sí, voy.

Al entrar en la habitación la vi parada al lado de la cama con cara de angustia y matices de "pasa algo grande".

—¿Qué onda?

—Me acabo de acordar de que no tengo gasolina y mañana llevo a los niños al colegio, me da pavor quedarme tirada.

—No te preocupes, voy ahorita, dame las llaves, regreso de volada.

—¡Nooooo! ¿Cómo crees? Ya estás en pijama. Yo voy, tú quédate a cuidar a los niños.

—No, acuéstate. Voy yo, dejo el tanque lleno y mañana arrancas tranquila.

—No, ¿sabes qué?, está Pita, vamos los dos.

—Sí, sí, ¡perfecto! Aunque de verdad yo voy con todo gusto, estás cansada, duérmete.

—No, mejor dime… la aguja está en la rayita de vacío, ¿crees que llegue?

—Sí, sin bronca. No son más que ocho kilómetros a la escuela y tienes la reserva, según me explicas, aguanta hasta unos quince kilómetros.

—Okey, me duermo, en fin… mañana los dejo y luego cargo gas.

—Recuerda que a la vuelta de la escuela hay una gasolinera que nunca tiene gente.

—Está bien, pero si no llego y me quedo tirada te llamo y vienes a rescatarme, ¿eh?

—Obvio que voy de volada, pero mejor no te preocupes, dame tus llaves y listo… Yo voy ahora mismo, te lo ofrezco de corazón, no te ahogues en un vaso de agua.

Y en ese momento, como en las películas, explotaron en la habitación una decena de cortinillas animadas con palabras como *slap, pum, zap, splash*. Jessica puso cara de rabia, entró en un estado de locura y me echó *la Mirada*…¿Quién diría que una nimiedad como ver quién carga gasolina acabaría en una de las batallas terrenales más álgidas de los últimos momentos que pasaríamos como pareja?

—¿Cómo te atreves a decirme que no me ahogue en un vaso de agua? ¿Quién te crees? Yo no me ahogo ni en un vaso de agua, ni en un océano, sábetelo, nada me hunde. Y tú, ¿qué? Tú también te pones nervioso, ¿o no? Ahora resulta que todo lo ves con calma. ¡Ay!, sí, "el muy tranquilito"… ¡No mames! Me caga que me digas esas cosas, me haces sentir como una loca.

Mientras la escuchaba pensaba que, en efecto, esa explosión era digna de una loca. Estuve a punto de decirle lo que, en efecto, pensaba de sus arranques de histeria, pero sólo lograría enfurecer más a la fiera que, de por sí, ya estaba desbocada.

Ella seguía gritando, pero cuidándose de no alzar la voz: ambos nos conteníamos durante esos encuentros, para que los niños no se despertaran y no se dieran cuenta de nuestras peleas.

—¿O qué? ¿Ya se te olvidó cómo te pones cuando Pita no dobla bien la ropa, o cómo te arrancas con los ruidos de los vecinos? Bla, bla y más bla…

¿Alguien me puede explicar cómo de pedir un favor terminó abalanzándose para destazarme? ¿Cómo de un "buenas noches" pasamos a una pelea que duró hasta las dos de la madrugada? ¿Cómo es factible que de ser pareja fuéramos ya enemigos? ¿Cómo pasó? ¿Qué cambió? ¿En qué actué mal? ¿Qué tenía que contestar a las blasfemias que me aventó esa noche? Por supuesto que me enganché después de doce minutos en los que me estuvo levantando falsos y retándome. Se me subió el enojo, y cuando eso sucede puedo ser en extremo hiriente: me convierto en un energúmeno desatado y puedo hacer que un ejército de soldados se apanique con el solo hecho de ver mi rostro, puedo espantar a una manada de rottweilers rabiosos…

¿Eso es vida, enojarnos en grados máximos con nuestra gente? La gente que según esto queremos… Pero gritamos y maltratamos a los nuestros, a los que amamos. Ella era mi esposa, había sido mi pareja, mi novia, y el tiempo voló convirtiéndola en una mujer agresiva y desquiciada. ¿Por qué? ¿Por qué discutimos esa noche si ella sólo quería saber si podía llegar a la escuela de los niños con la gasolina que tenía? De ahí pasamos a desvelarnos humillándonos, agrediéndonos, sólo para acabar durmiendo juntos en la misma cama.

¿Cómo no podemos ver más allá y frenar los actos de los cuales nos arrepentiremos y que marcarán un tortuoso camino? ¿Actué mal por proponer que yo fuera a la gasolinera para resolver su problema? ¿Acaso fui yo el que detonó la ira de esta mujer?

Reflexioné durante días, y concluí que habían sucedido suficientes peleas por el estilo que causaron que ya no quisiera sentarme en ese cuarto de televisión, ni tuviera ganas de dormir al lado de alguien que, sin duda, no era la que un día fue mi novia.

Me pasaba horas enteras pensando qué había detrás, por qué cualquier nimiedad la encendía. No me parecía normal que donde no había nada se desatara un todo… o tal vez así es la vida. Me cuestionaba si todos los matrimonios están hechos de esas pesadillas y nadie lo ventila.

Aquella noche, después de horas de discutir —porque Jessica tenía la costumbre de traer a colación peleas del pasado y problemas de antaño—, quedamos fatigados y un poco más mermados emocionalmente. Al final, después de cuatro largas horas, decidió que había acabado de pelear, apagó la luz y dijo: "Ya no puedo más, y mañana tengo que levantarme temprano para llevar a los niños a la escuela".

Antes de cerrar los ojos pensé que ojalá se quedara tirada sin gasolina después de dejar a mis hijos en el kínder. Podía imaginarla en alguna calle mal estacionada, negándose a toda costa a llamarme para que fuera a rescatarla.

# Distancia

## Jessica

Las relaciones son curiosas, escurridizas, traicioneras y mentirosas. Y no lo estoy diciendo desde el lugar común en donde
literalmente alguien de la pareja esconde información del otro.
No, estoy hablando de lo mentirosas que son las relaciones
mismas. Es un juego peligroso en el que entramos creyendo
una cosa que puede transformarse en otra sin previo aviso.

Cuando no hay responsabilidades en común la conviven-
cia es muy fácil; el problema viene cuando hay que compro-
meterse para educar, cuidar y formar niños. Las diferentes
mentalidades que teníamos Sergio y yo chocaron como si fuéramos dos tráileres que se impactaban de frente a doscientos
kilómetros por hora.

Mi sentido de justicia quería defender mi integridad y me
volví una guerrera, sentía que luchaba en contra de un mundo que dejó de tener sentido. Sergio era mi cómplice, pero de
pronto se volvía en contra mía. No me entendía, ni yo a él. *Both
sides of the story*, me decía él. Esa canción de Phil Collins me
encantaba, sólo que no aplicaba en nuestra relación, porque lo

que yo le pedía a Sergio era justo y su lado de la historia era sumamente egoísta. Ésa fue mi bandera muchos, muchos años.

Con Sebastian en nuestra historia, las noches se volvieron un juego de azar en el que yo perdía la mayoría de las manos, porque mi hijo era demandante de día y de noche. Al principio se debía a que lo amamanté mucho tiempo, y luego a que tenía pesadillas o escuchaba ruidos y se despertaba. Sin embargo, no claudiqué en el intento por hacer de mis hijos personas que supieran dormir y que dejaran dormir a sus progenitores. Principalmente porque una mala noche significa para mí un terrible día siguiente.

Por el otro lado estaba el padre de mis hijos, que es uno de esos bichos raros que puede vivir sin dormir, o durmiendo sólo un par de horas, sin que eso afecte su humor ni su rendimiento en el trabajo. Creo que nunca lo he visto bostezar. A él le fascinan los eventos nocturnos y las desveladas mirando programas de televisión, escuchando música o hablando por teléfono con sus hermanas, que son igual de noctámbulas que él.

Creo que lo que más coraje me daba era su falta de comprensión respecto a las necesidades de sueño que yo sí tenía. Me pedía que lo acompañara a actividades de su trabajo, y cuando le decía que no quería ir porque estaba cansada y porque seguramente el niño daría lata en la noche, me respondía que no pasaba nada, que me entendía. Pero yo sabía que no era así.

Esas noches en las que Sergio salía, yo me iba a dormir con un sentimiento de culpa terrible que chocaba con el enojo, porque Sergio no era capaz de comprender mis necesidades.

Por qué tendría que hacer el sacrificio de acompañar a mi marido a sus eventos nocturnos y luego despertarme tres o cuatro o cinco veces en el transcurso de la noche para procurar a mi bebé, y al otro día atender mis asuntos de trabajo con una mente clara y creativa… Me parecía imposible y harto injusto.

—Es que no es normal, piénsalo —le decía a Jackie, desesperada hasta las lágrimas—, las expectativas que tiene el mundo de las mujeres que somos madres, y las que nosotras mismas nos hemos autoimpuesto, son aberrantes. ¿En qué momento nos creímos el cuento de que podíamos hacerlo todo? Es de idiotas, me cae.

—Tranquila, corazón —respondió con ternura, mientras acariciaba mi mano—, te prometo que va a pasar, todo pasa.

—Pues no veo para cuándo. ¿Puedes creer que el otro día me quedé dormida mientras le daba clases de yoga a la única alumna que me queda? —Jackie soltó una ligera carcajada y yo la acompañé, luego reímos con más fuerza durante unos instantes y entonces las risas se convirtieron en lágrimas. Mi amiga me abrazó fuerte sin decirme nada—. ¿Quién querría tomar clases de yoga conmigo? ¡Por favor! Si no se me ve la relajación ni el estado zen por ningún lado.

La plática se vio interrumpida por el intenso llanto de mi primogénito. Esa vez nos había dejado platicar cuatro minutos enteros. ¡Ése sí que había sido un logro!

Cuando mi amiga se fue de la casa, le puse a Sebastian un programa de *Baby Einstein* y me acomodé a su lado mientras lo observaba. Era un bebé hermoso: tenía unos enormes ojos azules, unos rizos rubios y unos cachetes colorados y gorditos. Estaba sentado en el piso con el cuerpo echado hacia delante, tenía los ojos y la boca muy abiertos, estaba completamente absorto en la aventura de la tortuga y el delfín.

¿Cómo era posible que algo tan chiquito, tan bonito y tan inocente pudiera dar tanta lata? Ese pequeño ser humano que apenas rebasaba el medio metro de altura había puesto nuestra existencia de cabeza, pero sobre todo la mía.

Mi vida era un completo desastre. Estaba perdida en noches sin descanso y días oscuros, cargaba un tremendo sobrepeso que provocó que no me apareciera por mi clóset durante un par de años, pues ninguna de las prendas ahí guardadas se dignaba a dejarme entrar. Así que todos los días me vestía con los mismos pants que algún día fueron color azul marino; el resorte ya no cumplía con su labor y la tela se había desgastado tanto que amenazaba constantemente con romperse. También seguía usando los brasieres de maternidad, aunque ésos tampoco cumplían con su función. Me restiraba el pelo en una cola de caballo, pues la que algún día había sido una cabellera llena de rizos se había convertido en paja, además de haber perdido casi la mitad de su antiguo volumen.

Por el otro lado, mi marido tenía una vida maravillosa: se iba a trabajar todo el día, comía tranquilo, entraba al baño cuando quería, hablaba por teléfono, tomaba agua… En fin: tenía tiempo para ordenar sus ideas y pensar. Yo no podía hacer nada de eso, estaba atrapada en un cuerpo enorme y tenía una cabeza con cosas dentro que parecían ideas pero que en realidad eran solamente atisbos que no llegaban a concretarse. Vivía encerrada en una mente que olvidaba absolutamente todo; habitaba una vida que no se apiadaba de mí, que no me daba tregua.

Sergio llegaba por las noches alrededor de las ocho y me ayudaba a bañar a Sebastian. Después de acostarlo venían las fatídicas preguntas: "¿Vamos al cine? ¿A cenar? ¿Me acompañas al evento de la revista? Tenemos cena con Cristina".

¡No!, no quería ir al cine, ni a cenar, ni a sus eventos. No quería ver ni a sus amigos, ni a los míos, ni a mi familia, ni a la suya. No quería ver a nadie después de que el sol se metiera. Cuando llegaba la noche, sin importar la hora que marcara el reloj, yo quería meterme a la cama o idiotizarme frente al televisor un par de horas, una hora, media, cinco minutos, lo que fuera, sólo quería olvidarme de quién era.

En una ocasión Sergio me avisó que llegaría tarde: se quedaría en la oficina trabajando. Alrededor de las once de la noche le marqué para pedirle una medicina para Sebastian.

Sentí algo raro, se escuchaba un silencio poco común para estar en la oficina, y él se notaba nervioso. De pronto me llegó la idea de que estaba con alguien. Colgamos e intenté dormir, pero no pude dejar de pensar en lo que pasaría si mi intuición estaba en lo correcto.

Luego de darle varias vueltas a la posibilidad de que Sergio me estuviera siendo infiel, me entró una rabia descomunal: yo no tenía tiempo para pasarme un cepillo, y él ¿estaba conquistando mujeres? Lo esperé despierta para confrontarlo. En cuanto entró al cuarto, prendí la luz para buscar alguna señal que me indicara que, en efecto, había estado con alguien. Las estúpidas películas nos hacen pensar en los descuidos que harán que la realidad sea revelada. Decimos que la verdad siempre sale a la luz, otra gran estupidez que inventamos para vivir más tranquilos. La verdad es que lo que sale a la luz sale a la luz, lo demás se queda oculto para siempre. Hay infinidad de historias escondidas que nadie sabe más que los implicados y que nunca, nunca son reveladas.

Por supuesto que Sergio negó cualquier encuentro extramarital, e incluso se ofendió por haber puesto en tela de juicio su integridad como hombre y como esposo. Otro genial truco de la gente mentirosa: la indignación. Es una salida maravillosa porque entonces el que acusa, sin pruebas contundentes, salvo por la voz de la intuición, se siente mal por desconfiado.

No sé lo que pasó esa noche o cualquier otra; preferí no indagar más. Pero eso terminó de romper lo que ya, de por sí, estaba dañado. La realidad es que no me importaba si Sergio tenía a alguien más, y eso tenía que ser un síntoma de lo mal que estábamos como pareja.

En una noche en la que mi hijo alucinó por causa de una fiebre, yo también sufrí de alucinaciones por haber perdido el norte, por olvidarme del camino, por sentir que no había nadie que me entendiera. Me moría de rabia por pensar que para el resto de las mujeres la maternidad era algo hermoso y sin complicaciones. Desde el caos de mi vida, las veía cantando en las praderas como Heidi. Mi amiga Aurora, que parió una semana antes que yo, había regresado a su peso antes de que su primogénita cumpliera un año, y siempre estaba arreglada, guapísima. La maternidad era un estado natural para ella, nada le había costado trabajo. La relación con su esposo era inmejorable. El dinero brotaba de los árboles y cada año en su aniversario, su marido y ella se tomaban un par de días para descansar y celebrar su amor y a su familia, que cada año crecía y crecía y crecía. Creo que ahora tiene cinco hijos y, por supuesto, Aurora se sigue viendo como de treinta años. Su cintura no ha sufrido ningún cambio; su cuerpo, su mente y su alma han abrazado las circunstancias que se le han presentado con una gracia insuperable.

¿Y yo…? Yo sobrevivía cada vez más lejos de Sergio, cada vez más lejos del mundo, cada vez más lejos de mí, y no sabía cómo regresar. No sabía cómo cortar esa distancia recorrida, cómo dar vuelta en u. Eso era lo único que quería: regresar a algún momento de mi vida en el que me reconociera y en el que no me diera miedo habitar.

# La almohada

## Sergio

Qué molesto es despertar a media noche, ya sea a consecuencia de esas inevitables ganas de vaciar la vejiga, por un impulso inconsciente que se apodera de nuestro sistema nervioso o por algo que más que sueño es una pesadilla. O despertar repentinamente y sin motivo. Tal vez como consecuencia de un ruido que se escapó de quién sabe dónde: un gato callejero que tiró algo a su paso o el sonido de una ambulancia que lleva a algún pobre infeliz al hospital, o la sirena de una patrulla de policías que tienen prisa para llegar a los tacos.

Una madrugada desperté de pronto, con una energía extraña por lo intensa, con la claridad de una lupa que deja ver las letras pequeñas y con la urgencia que tiene un niño por encontrar un juguete perdido.

Desperté sudando, sudando a cantaros. Cuánto detesto sudar en la cama mientras duermo. Era una sensación que me invadía y me hacía sentir sucio, preso. Sin embargo, lo que en realidad coartaba mi libertad era pensar que ahí estaba ella, acostada a mi lado, ocupando el lado derecho de la cama y yo el izquierdo.

Cuando la vi entendí que estaba en mi casa, en mi cuarto, en mi cama, y que era la noche de un día cualquiera. Logré verla a pesar de la oscuridad gracias al rayo de la luz de una farola que se colaba por la ranura de la cortina que ella había comprado y que yo siempre odié.

La escuché respirar con ese sonido que me estorbaba. Estaba dormida de lado en un sueño casi profundo, y digo casi porque era de esas personas que se despertaban con cualquier cosa: por ejemplo, el sonido del contacto de la uña contra mi barba endurecida cuando me rascaba el cachete. Se despertaba con cualquier cosa, y lo hacía con su mal —pésimo— humor. No hay quien la contuviera o la pusiera de buenas, y así educó a los niños. Mis hijos fueron criados con pinzas de cristal y embutidos en burbujas para que nadie los despertara, pero la vida no es así. La vida está llena de ruidos que no controlamos, ruidos absurdos que no distinguimos y, en ese entonces, de escándalos imparables de nuestros *queridos* e irresponsables vecinos que no tenían respeto por nada.

Ése era el tema que rondaba mi mente en aquel momento. Ahora que lo recuerdo, me sigo enfrascando en las memorias y me prendo de nuevo. Era insoportable dormir con ella, inaudito escucharla quejarse de los vecinos, o de las gotas de agua que caían sin piedad en un mal cerrar de las llaves del lavabo.

Esos niveles de agresión que sentí me llevaron a pensar que debía hacer algo. Tenía que arreglar mi vida, aniquilar a mi mujer, quitarla de mi camino.

Ahí estaba dormida, completamente vulnerable ante mí,

ante mi odio y mi desprecio. Ella dormida y yo despertando con ansias e inquietud, con ganas de matarla.

Sí, muchas ganas de matarla. ¡Qué plan estaba maquinando a esas altas horas de la noche! Un asesinato en mi propia cama, ¿un acto trágico o romántico tal vez? ¡Ja!, no, para nada. Ese pensamiento que invadió mi cabeza no tenía nada de romántico; por el contrario, era completamente práctico.

Quitarla de mi camino, de mi familia, de mi casa. Era un odio inmenso acumulado durante todos esos años, una rabia que no exterioricé. Uno de esos rencores mezclado con el peor de los orgullos.

Un terrible sentimiento que me obligó a comer y comer hasta subir cuarenta kilos. ¿Por qué? Porque dije: aguanta, deja que los niños crezcan y seguramente ella se calmará, hazlo por ellos, espera, no te aceleres, no pienses disparates, ten prudencia, bájale al coraje. Pero eso era una utopía. El desprecio y rechazo que sentía eran infernales.

Estaba despertando en mi cama al lado de mi esposa, al lado de esa enemiga que no me daba paz ni siquiera cuando dormía. Despertaba al lado de ésa que estaba haciendo mi vida miserable. Sí, tenía que matarla, pensé, y como somos judíos y en nuestra religión están prohibidas las autopsias, no se hará una investigación, ésa sería mi salvación.

Si lo hacía, nadie sabría la verdad; sin embargo, bajar a la cocina para tomar un cuchillo, largo, plateado, frío y filoso no era opción, aunque en esos momentos confieso con horror que me hubiera sido placentero ver su sangre regada en mi colchón como muestra de venganza.

Pistola no tengo.

Veneno, no me venía a la mente cómo conseguir uno…

La almohada. ¡Claro!, la podía ahogar con mi propia almohada. *¡Eso es!*, pensé, *la voy a cubrir con mi cojín, la voy a asfixiar, tardaré solo unos… mmmmm tal vez cuatro minutos.*

La imaginaba tirada sin respirar, dejando más oxígeno para mí en la habitación. Grandiosas imágenes pasaron por mi mente, ¡hacerla a un lado de mi vida definitivamente!

El plan era perfecto: la ahogo, me río, me libero, la reviso, la muevo, no responde, y yo envuelto en paz y armonía. Nunca más me diría nada, nunca más me estorbaría, nunca más me corregiría con los niños, nunca más me gritaría.

¡Qué placer me daría!

Entonces me volví a despertar dentro de mi despertar. ¿Qué estoy diciendo? ¿Cuánto placer me daría *matar a alguien*?

Jessica me tenía muy mal. Mi matrimonio estaba acabado, mi pareja no existía, ella ya no era mi esposa. No sólo no la quería: la odiaba, y mi familia estaba en la cuerda floja, el bienestar de los niños estaba en juego. Mis pobres hijos sufrirían si seguía en ese infame, infernal y desalmado matrimonio. Claro que tenía que alejarme de ella, claro que tenía que alejarla de mí, pero… ¿matarla? No, no, ¿cómo era posible que en mi mente ya la hubiera matado y estuviera disfrutando las rebanadas de placer que ese acto me provocaría?

Ese "despertar" era el de mi apatía y de mi valemadrismo. En esa oscura noche desperté de la pesadilla, de mi propio olvido, desperté al entendimiento de que esa salida no era opción. Disto mucho de ser un asesino, no la iba a dañar más de lo que ya había hecho. Procedería, por supuesto, pero con carácter, civismo y criterio. Nunca le quitaría a mis hijos a su madre, nada de barbaridades. Estaba tan espantado que me metí al baño para prender la luz y mirarme en el espejo. Necesitaba corroborar en el reflejo que aún seguía siendo yo.

# ¿Tengo que? Yo no tengo que nada

## Jessica

Estaba caminando hacia el kínder para recoger a mis hijos. Era un día de primavera soleado y caluroso. Hablaba por teléfono con mi amiga Myrna, sin apreciar las jacarandas ni las buganvilias, y sin detenerme a sentir los rayos del sol sobre mi rostro y mis hombros. La conversación se volvía cada vez más intensa y, como ya era costumbre, me estaba quejando de mi marido…

La retrospectiva me lleva a la época que antecede a nuestro matrimonio. Como ya dije, toda la vida me he caracterizado por ser la rebelde, la inadecuada, la "loca" de mi familia, hasta que llegó Sergio a mi vida. Junto a él yo parecía bastante normal, mis excentricidades no se comparaban en lo más mínimo con las de él. Yo era una mujer exótica; sin embargo, mi comportamiento se mantenía dentro de parámetros socialmente aceptables, es decir, educada, consciente del otro y con ideas poco comunes, pero sin llegar a ser alarmantes.

Sergio, por su parte, es un ente original, irreverente, egocéntrico, maleducado y mal encarado. No tiene ninguna consideración con la gente. Recuerdo la primera y única noche en la que fuimos juntos a la venta nocturna de El Palacio de Hierro. Sergio iba arrollando señoras y arrebatando artículos sin miramientos, los mares de gente eran de hormigas para él. Yo caminaba siguiendo sus pasos, disculpándome con las víctimas de sus atropellos.

Al salir de la venta, le reclamé encarecidamente las acciones tan bajas que había cometido dentro de la tienda. Sus reacciones a mis confrontaciones eran variadas pero, por lo general, terminaba por darme la razón, aunque sin ninguna conciencia, porque esos patrones de conducta se seguirían repitiendo durante muchos años.

Sergio no tiene paciencia para hablar con una señora aburrida y tonta y terminar por darle el avión, pero sí tiene mil pesos para regalarle a un viejito que está sentado en la calle y que ya no tiene ni fuerzas para pedir limosna. En una ocasión lo acompañé a la farmacia para comprarle medicinas a un señor que vivía debajo de un puente y que estaba enfermo. Así de contradictorio es.

Aquella tarde, mientras caminaba al colegio de mis hijos, le estaba contando a Myrna el último acto egoísta de mi marido:

—¿Cómo ves? Según él, tiene una cita de trabajo en Houston. Y a que no adivinas la cantidad de conciertos que habrá ese fin de semana. ¡Estoy hasta la madre! Aquí tiene a su pendeja cuidándole a los niños y trabajando para que se pueda largar cada vez que alguno de sus ochenta mil grupos favoritos decide presentarse en concierto.

—¡Ay, amiga! Tienes que hablar con él otra vez y decirle cómo te sientes… Tal vez en esta ocasión él te puede hacer un paro para que seas tú la que se vaya de viaje.

—Supongo que sí… ¡Ay!, no sabes el coraje. ¿Te digo algo? No tengo por qué soportar esto.

—No. La neta, no.

—No, no estás entendiendo lo que quiero decir… No tengo que aguantar esto… No tengo que aguantar esto… ¡No tengo que aguantar esto! Ya estoy en la puerta del kínder, te marco en un rato —dije y colgué.

Esa frase se quedó retumbando en mi mente como un mantra: "No tengo que aguantar esto". No, yo no tengo que aguantar nada que no quiera ni un minuto más, no tengo que sufrir, no tengo que justificar, no tengo que *nada*…

Cuando unifiqué el significado de esas palabras, me invadió una sensación de pánico que por poco me deja sin ideas. Y entonces se me ocurrió una de las más cursis que he tenido en toda mi vida: le iba a exigir a mi marido que me cortejara, que me trajera chocolates, que llenara mi recámara de flores rojas, que él, por supuesto, odiaba.

En la noche llegó de trabajar y, como era habitual, preparamos la cena y después miramos la tele un rato. Al cabo de una hora, como cada vez, me subí a dormir acompañada por mi nuevo mantra. Pronto comprendí que no conciliaría el sueño de esa manera, así que lo llamé. Entró al cuarto con cara de "No puede ser, y ahora, ¿qué quiere esta pinche vieja?".

—¿Qué onda, Chirris? —preguntó con miedo.

—Tengo treinta y ocho años, y no voy a vivir así. Esta relación me está matando —y entonces dije la frase con todo el drama que encontré en mi sangre—: Si mañana no está el cuarto lleno de flores rojas, nos vamos a divorciar…

El pobre hombre se quedó lívido y sin palabras, pude notar que estaba intentando encontrar algún tipo de lógica dentro del sinsentido que acababa de escuchar.

—No te entiendo, ¿de qué estás hablando?

Después de muchas lágrimas y de sentir que la recámara que nos sostenía giraba vertiginosamente, le informé que teníamos que ir a terapia de pareja.

No dijimos más, no hacía falta, Sergio regresó al estudio y se quedó muchas horas ahí; yo me metí bajo las cobijas para sentir contención, necesitaba algo pesado encima de mi cuerpo.

No podía creer que eso me estuviera pasando, que nos estuviera pasando a nosotros. Nos creíamos mutantes, vivíamos como personas distintas al resto de los mortales. Hablábamos otro idioma, nos regíamos por otras reglas, entendíamos cosas de la vida que nadie más comprendía.

Esa noche cada una de esas creencias se fue desplomando, o más bien, dejó de sostenerse, porque Sergio y yo juntos éramos algo que quién sabe qué era, pero no un matrimonio. Ni siquiera de mutantes.

Éramos impulsivos, inestables e incapaces de comprometernos de verdad. Habíamos disfrazado nuestros defectos con palabras y conceptos *sui generis*, pero la verdad es que éramos un par de idiotas sin idea de lo que estábamos haciendo. Al final del día creo que no nos hubiera estorbado tanto ser un poco más "normales".

A la mañana siguiente de la amenaza, no llegaron rosas ni chocolates a mi recámara. Entonces programé una cita con una sicóloga, entendiendo que estábamos entrando a la antesala del fin.

# Sesión con dos mujeres
## Sergio

Era un estúpido martes a las 20:30 horas, y ni la engreída doctora dizque sicóloga y sexóloga, ni mi insufrible esposa sabían que había pagado no una, sino dos horas de sesión para poder explayarme como se me diera la gana.

Llevábamos mucho tiempo viviendo el declive de un matrimonio insoportable, y ya se avecinaba el final, los dos lo sabíamos. Jessica lo deseaba, decía que era necesario. ¡Ah!, pero yo… yo lo anhelaba. Era lo que más quería, que ese matrimonio se fuera por el caño y nunca más ver a esa malagradecida mujer que me sacó lo peor; por su culpa subí cuarenta kilos. Me urgía enterrar la idea de que me había casado con esa pérfida. Ya no aguantaba ver su jeta ni un día más, tampoco tenerla en mi cama. Ya me había cansado de aguantar las ganas de hacerle daño.

El día de la doble sesión llegó pronto. Fue un gran martes en el que vomité cada cosa por la cual despreciaba a Jessica. Dios sabe que, si no hubiese sido la mamá de mis críos, la hubiera desarmado, derrotado, destrozado. Sin duda soy —o más bien era— un as para atacar a mis enemigos. Soy un maestro de la estrategia para vencerlos y humillarlos, pero ella tenía —que le agradezca a Dios toda su vida— la indulgencia más poderosa: compartíamos los mismos hijos. Entonces, mi razón y mi alma me impedían actuar como lo hubiera querido.

Sí, sí, ellos, mis chiquillos, fueron el escudo que la vida le regaló a esa méndiga, babosa, controladora, quejumbrosa, roñosa, obsesiva, desenfrenada, orgullosa e hiriente mujer. Esa detestable mujer a la que llevé al altar y a Las Vegas. Ella, a quien conduje a la cima de mi mundo para que después se convirtiera en la persona más odiosa que jamás conocí. Los niños la ayudaron a salir ilesa de mi espada; pero esa noche nadie, ni mis hijos, impediría que escupiera, con toda la furia, cada una de las verdades que me carcomían.

Llegamos a la sesión en coches separados. Nunca más quería compartir una cabina con esa estúpida, ni de avión ni mucho menos de coche. Era el infierno trasladarme con ella al lado.

Me presenté puntualmente en ese consultorio que detesté desde el día uno, ya que dentro estaba esperándonos con los brazos abiertos esa sicóloga que aborrecí de sólo verla y oírla en la primera sesión. Fue un desacierto haber ido a terapia de pareja con esa escuálida sexóloga-terapeuta que reunía muchos estereotipos en uno: era de ese tipo de gente con una cara de gestos rígidos y que al hablar remarca la v con sonido labiodental, como si hablara francés o inglés, y la pronuncia con ahínco, con esos asquerosos labios que seguro tenían rato de no ser besados.

Me preguntaba por qué nos tocó ese estilo de doctora para enterrar nuestro matrimonio. Seguramente, me decía en mi rabia, era la estudiante responsable que perdió la virginidad hasta muy avanzada edad, ya que no cualquiera habría querido entrar en su existir, y luego, seguramente por frustrada, se convirtió en una distinguida y afamada terapeuta sexual, para sacar sus traumas a través de las lágrimas de sus pacientes. Me cayó fatal desde el comienzo: estaba convencido de que no me dejaba hablar, sólo veía a Jessica a la cara, a mí no me aguantaba la mirada.

Acudimos sólo en tres ocasiones, y en las tres, entre mi esposita y la doctorcita se dedicaron a deshacerme. Según ellas me desmenuzaban, pero no sabían que yo dentro traía la artillería pesada.

Ese martes, la última sesión, me tocaba a mí. Había llegado mi turno para sacar la mierda que me estaba asfixiando. Entonces, al sentarnos, sin un "buenas noches" de mi parte, frené sus palabras, las callé y les dije:

—¡Eh! Ni una palabra de ninguna de las dos. Se acabó, ahora es mi turno. Sépanse que pagué dos horas seguidas y me van a escuchar. A ver si tú, doctorsucha, sigues opinando igual, y tú, tú, Jessiquita, prepárate para escuchar tus verdades como nadie te las ha dicho.

En las sesiones anteriores y, con mucha facilidad, me había programado para no escuchar las tonterías de las dos, que se empeñaban en acorralarme para demostrarme lo mal que había actuado. Mientras ellas hablaban en las consultas, yo me desconectaba, me encerraba y me ponía a pensar en mis cuentas o las deudas de la semana. Recuerdo que en la segunda sesión, cuando Jessica lloraba y decía que ya no quería estar conmigo y que le dolía, pero que ya no podía más, yo estaba perdido en el recuerdo de un viaje que hice a casa de mis primos en California, en donde me enseñaron algunos trucos de billar. Tenía unas ganas tremendas de irme de la terapia a jugar pool solito con mi música… También recuerdo las ganas que sentía de lanzarles unas cuantas bolas número 8 al par de mujeres que tenía enfrente. A ver si eso me daba la suerte de desaparecerlas del mapa y con ello sus estúpidas voces y sus ideas retrógradas.

En fin, ya sabía cómo eran la temática y la metodología, cómo nos íbamos a sentar y cómo se desarrollaban las sesiones, así que aquel glorioso martes tomé posesión de la palabra, del tiempo y del mandato de esa noche, y como dragón que escupe fuego, me arranqué con la verdad.

Abrí la boca a las 8:39, y para las 10:22 aún traía mucha cuerda. En varias ocasiones callé a la doctora cuando me quería interrumpir. Le levanté la voz y la amenacé, sin mirarla a los ojos. Sólo veía a mi esposa. Ahí tenía bien centrada a la gran madre de mis críos, a esa grosera, violenta y creída reina del matriarcado de mi casa. Ahí estaba con la cola entre las patas, berreando, tal y como yo la quería ver.

Llevaba un año y medio aguantándome todo, guardándome todo. Ya había pasado hasta por el luto de perderla y de desprenderme para siempre de ella. Para mí no valía un comino; en esos días la Jessica con la que me había casado, la única mujer que se logró colar en mi morada y apoderarse del otro lado de la cama, ya no significaba nada.

Pero ¿qué digo? Claro que era algo: era mi enemiga, mi víctima, la persona con la que quería descargar la ira que llevaba cosechando en contra de una humanidad decadente.

Ahí estaba, desarmada con mis verdades, devastada con mis palabras, embarrada en el sillón, desmejorada y descomponiéndose con cada una de mis peroratas. La ataqué con trescientos temas, expuse sus defectos cual mercader de mierda en un bazar con puestos de criminales.

Ahí estaba la mamá de mis hijos sufriendo cada uno de mis respiros, y yo desinflándome y mejorándome. Recuperé años perdidos, recuperé el aliento y mi fe. Mis vísceras descansaban con cada frase.

Con mis gritos la acusé, la expuse, la exhibí ante un juzgado invisible, y cuando ella pensaba idioteces acerca de mi aislamiento, de por qué mi despreocupación por acercármele, cuando ella sospechaba que algo raro me pasaba porque ya no me importaba salvar mi matrimonio, fue cuando escuchó sus verdades, cuando se enfrentó con su verdugo, cuando se dio cuenta de que me había matado, pisado, descarrilado, aniquilado y perdido. Cuando la estúpida doctora, intragable, me escuchó, se calló, y solamente abría esos asquerosos ojos cafés saltones que se llenaban de asombro al ver a un desbordado y desentonado esposo harto de su mujer.

Y yo seguía escupiendo argumentos con acusaciones pertinentes y con una ira y una desdicha que me habían magullado el alma y que me habían expulsado de mi propio territorio. Tanto la doctora como Jessica tenían enfrente a un papá devastado y preocupado por sus hijos, que había aguantado horas, días, semanas y años, al lado de una desgraciada mujer, sólo para no quebrarles la vida a los inocentes niños.

¡Qué rica consulta! ¡Qué delicia ese sentir! ¡Ese momento de liberación! Como cuando estás horas sin poder ir al baño y finalmente suspiras después de pujar, te levantas para lavarte las manos y pensar: por fin soy un hombre nuevo. De igual manera, como si esa terapia hubiera sido un gran escusado, tiré la mierda completita. ¡Fue la mejor sesión sicológica de mi vida!

Jessica quedó arrastrada por el huracán, lloró mares y perdió la respiración. Lo único que recuerdo, y lo tengo tatuado en la memoria, es que dijo: "Ahora ya sé que me faltan otros veinte años de terapia, pero gracias por decirme lo que realmente opinas de mí. Eso me ayudará a darle forma y fondo al misterio de las razones por las que actuabas de ese modo".

Ahora miro hacia ese momento y entiendo que nunca había estado tan enojado en mi vida. Pensaba en lo que había pasado y me caían veintes, ideas, recuerdos y pedazos de escenas; sin embargo, los dos habíamos decidido olvidar los miles de porqués.

En caliente y con la ira desenvainada, nadie puede funcionar con los sentidos controlados, nadie está cabalmente listo para decir las cosas usando tonos respetuosos. No me arrepiento de cómo actué esa noche; al contrario, lo necesitaba, era imperante sacar lo que estaba en mis pantanos. Por eso sentí un enorme alivio al salir de esa sesión, y eso sirvió para salvar lo poco o mucho que quedó entre las brasas que provocaron nuestros incendios.

La alarma de mi reloj sonó después de los ciento diecinueve minutos que programé para aquella terapia. En ese momento, sin despedirme y mucho menos agradecer, me levanté del sillón verde horrendo y de mal gusto, y me dirigí a la puerta de salida del consultorio, la azoté y me largué.

Lástima que esa noche, minutos después, vería a mi esposa, y no sólo eso: dormiríamos en la misma cama. Yo nunca me iba a ir al sillón de la sala, no estaba dispuesto a incomodarme por su culpa.

Esa noche empezó la cuenta regresiva. ¿Cuántas noches más tendría que compartir ese colchón con ella? Contaba los días, saboreaba los minutos y apresuraba los segundos para que se fueran junto con ella y no regresaran jamás.

# La gran sesión

## Jessica

Era una casa en Polanco, de esas grandotas, llenas de cuartos y de baños; en la parte de abajo había tres consultorios y en la de arriba dos más. Áreas de espera en ambos pisos y espacio para tres secretarias.

El consultorio de la doctora Marina era amplio; tenía un sillón verde de dos plazas y otro de una, además de una silla sumamente acolchonada, donde se sentaba ella, y un gran escritorio de caoba. A los costados del escritorio había dos ventanales grandes cubiertos por unas cortinas delgadas, casi transparentes. Sobre el piso descansaban varias macetas con plantas frondosas que disimulaban lo alto del techo.

Hasta ahí todo iba bien con Sergio; el problema se suscitó cuando vio las figuras eróticas que adornaban el escritorio y las repisas que ocupaban una pared entera. Por alguna extraña razón, que nunca llegué a comprender, esos ornamentos que mostraban la *genitalia* masculina y femenina pusieron a mi marido de muy mal humor.

La doctora Marina tenía alrededor de cincuenta años. Era una mujer fuerte y con una enorme cantidad de estudios que colgaban de la pared en forma de títulos. Tenía varias especialidades en sexualidad, situación que favorecía un ambiente de apertura para que a las cosas se les llamara por su nombre. Nos recibió con un apretón de manos fuerte, de esos que dan gusto. Traía unos pantalones color café y un saco de pana beige, botas de caucho verdes y unos lentes grandes morados y sesenteros.

Sergio revisó a la doctora de pies a cabeza, odiando cada una de las prendas que la vestían. Ella, por su parte, sintió la hostilidad e hizo un ademán que me llevó a pensar que se estaba plantando en el piso como para no dejar lugar a dudas de que ése era su territorio.

Una vez sentados, la doctora preguntó generalidades; me imagino que la idea era entender un poco la personalidad de cada uno. Salimos cuarenta y cinco minutos después, dos mil seiscientos pesos más pobres y con un marido muy encabronado.

—¡Esto no sirvió para un carajo! No entiendo para qué chingados vinimos, fue una pérdida de tiempo y de dinero —dijo mientras se subía al coche azotando la puerta.

Yo me subí de mi lado, ya estaba acostumbrada a que no me abriera la puerta del carro. A decir verdad, me gustaba que no lo hiciera. ¡Ni que estuviera manca! En el camino intenté explicarle que la terapia era un proceso, que tuviera paciencia. Y aunque me decía que sí, yo veía en su rostro una enorme furia.

—Lo de la doctora no es lo que te tiene así. ¿Me puedes explicar qué pasa?

—Nada…

Ésa era su respuesta favorita, siempre tenía "nada". La de las broncas, invariablemente, era yo.

Una semana después regresamos con la doctora. Cada quien llegó por su lado; cuando entré en la casa, vi a Sergio hablando con la secretaria y pagando anticipadamente la sesión. Me sorprendí, pero no le di mayor importancia.

Sergio entró al consultorio con un paso tan firme que casi rompe el mármol, luego se dejó caer sobre el sofá y respiró, exhalando hartazgo. Apoyó la cabeza en una mano y cerró los ojos; no sé cuál de las dos mujeres que tenía enfrente le provocaba más ira.

—Buenas noches, muchachos. Tengo que hacerles una pregunta fundamental para saber cómo continuar con las sesiones —la doctora se reacomodó en el sillón y nos miró echando el cuerpo un poco hacia delante—. ¿Ustedes se aman? ¿Jessica, amas a Sergio?, y tú, Sergio, ¿amas a Jessica?

—Pues… la verdad yo ya no —dije mirándome las uñas mientras las acariciaba con nerviosismo.

—Okey. Partiendo de eso…

—No, no, claro que me ama, doctora, ella no sabe…

Mi sorpresa al escuchar el comentario me provocó una sonora carcajada.

—¿Cómo que no sé? ¿Ya vio, doctora, con lo que tengo que lidiar? Ahora resulta que no sé lo que siento…

—A ver, Sergio, si te está diciendo que ya no te ama, es que ya no te ama.

—Usted tampoco sabe, doctora, ni nos conoce… Claro que me ama, ella no sabe —seguía repitiendo Sergio, como si eso cambiara la realidad.

Sus mejillas… no, qué digo las mejillas: todo su ente se volvió rojo fuego.

—Bueno, Sergio, si Jessica ya no te ama, no puedes obligarla a que se quede. Las relaciones son cosa de dos: si una de las dos partes ya no quiere estar, hay que aceptarlo.

—Y entonces, ¿para qué chingados estamos acá?

—Para bien terminar…

—Bien terminar, una madre…

La doctora comenzó a explicar un plan para separarnos de la mejor manera y que la ruptura fuera lo menos dolorosa posible. Yo miraba de reojo a Sergio, que movía la pierna con desesperación y se cubría la boca con la mano. Estaba mordiéndose las uñas, seguramente deseándonos muchos males a la doctora y a mí.

—Vamos a tratar todos estos temas más a fondo la próxima sesión.

—No va a haber una próxima sesión, y ésta no ha acabado —dijo Sergio en tono severo.

—Ya son las nueve y tengo otros pacientes que atender. Lo siento, nos vemos la próxima semana.

—¡Ni madres! Yo pagué por anticipado dos horas, y me va a dar dos horas, ya lo hablé con la secretaria.

—Eso es imposible, Eugenia sabe que no se conciertan dos sesiones consecutivas con el mismo paciente…

—A mí sus reglas me valen madres, ni Eugenia, ni Jessica, ni usted me importan, así que le voy a pedir que se siente porque ahora seré yo quien hable.

Pude leer en el rostro de la doctora una disyuntiva: por un lado, el policía que cuidaba la casa era un flacucho alcohólico

152

que seguramente no sabía utilizar ni siquiera la macana. El resto de los doctores se habían marchado, y las secretarias también.

Como dije, Sergio mide más de 1.80 metros de estatura, es corpulento, usa una barba desaliñada y abundante y, cuando se enoja, se puede ver al demonio en su expresión. Detrás de ese disfraz, es uno de los tipos más bonachones que conozco. Cuando ve en la calle a un perro callejero, le compra salchichas y lo alimenta mientras llora, es amigo de los indigentes que piden limosna en los altos, y tiene debilidad por los niños y los viejitos que sufren. Pero la doctora Marina no sabía nada de eso, y su instinto de supervivencia le aconsejó que se sentara en su cómodo y acolchonado sillón para escuchar lo que ese señor, que vería por última vez en su vida, tenía que decir.

—Está bien, Sergio, ya están acá, supongo que puedo darles otra hora.

Mi marido atropelló las palabras de la doctora para empezar a vomitar todo lo que no toleraba de mí. Su mirada se clavó en el piso, sus ojos se inyectaron de sangre, y su voz se cargó de enojo. Lo que decía no lo estaba diciendo con el cerebro: lo estaba expresando desde la entraña. Ahora que lo pienso, me da la impresión de que, si no lo decía, su estómago se iba ahogar en su propia bilis.

—… y cuando nació Sebastian, me sentí el tipo más imbécil del mundo, Jessica no me dejaba ni siquiera lavar las mamilas, no podía acercar mis manos a los chupones, y ya no se diga de preparar una papilla… Me consideraba tan pendejo, que hacía hincapié para que no le pusiera ni sal, ni azúcar. Cuando cargaba al bebé, ahí estaba ella al lado de mí, arriba, abajo… Aparecía por entre las plantas con una expresión que manifestaba el pavor que sentía de que le fuera a hacer algo a mi hijo…

—Eso no es verdad…

—No me interrumpas… Esta hora (sí, doctora, no me va a dar cuarenta y cinco minutos, me va dar sesenta) —dijo Sergio mirando a la doctora con ojos amenazantes—, esta hora es mía —me volteó a ver y continuó—: y no quiero escuchar tu voz ni por error, ¿me entendiste? Estoy hasta la madre de ti, de tus palabras, de tus pasos, vamos: me molesta hasta escucharte respirar.

Iba a decir algo más en un afán por demostrar que soy guerrera, valiente y que a mí no me calla nadie; sin embargo, nunca había visto a Sergio tan enojado, y yo también tenía un instinto de supervivencia que, en ese momento, me instó para que me callara la boca.

—Eres una pinche abuela, la gente cree que te moriste porque no me acompañas a mis eventos ni por error, es increíble que a las ocho y media de la noche ya estés en pijama, desmaquillada y bostezando. Y además insistes en hacerme la vida imposible regañándome, como si fueras mi mamá, enlistando las desventajas físicas y mentales de desvelarse… Cada noche es lo mismo, ¿es que no te cansas nunca? —me volteó a ver como esperando una respuesta.

—Yo no estoy de acuerdo, creo que…

—No te estoy preguntando, llevo escuchándote diez putos años. Necesito que te calles… ¡Ah! Por poco olvido mencionar las maneras que tienes para hablar. Mira, noventa y nueve por ciento de las veces en las que discutimos tienes razón, pero tienes unas maneras, unas formas de decirlo tan asquerosas, que todo se va a la mierda. ¡Eres una obstinada!, no me pasas nada, ni una… Para ti es más importante ganar una batalla que salvar este matrimonio… —Sergio metió la cara entre las manos como intentando organizar sus pensamientos—. ¿Qué te pasó? Tú no eras así… Cuando te conocí nosotros no éramos esto. ¿Te acuerdas de nosotros, de nuestros planes? Incluso sabíamos cómo íbamos a morir: yo tendría ochenta y cinco años y tú ochenta y tres. Estaríamos a la mitad de un concierto y el mundo explotaría… Nos agarraríamos de las manos y nuestros corazones se pararían en el mismo instante. Tú nos hiciste esto… Te culpo a ti y nada más a ti.

Sergio guardó silencio y giró el cuerpo entero para darme la espalda.

—¿Cómo te sientes con lo que has escuchado, Jessica? —preguntó la doctora en tono empático.

—La verdad… bien, porque yo sabía que Sergio guardaba muchas cosas en mi contra. Pero cada vez que intentaba hablar con él y cada vez que le preguntaba qué era lo que le molestaba de mí, me respondía que nada, y yo me sentía como una loca buscando problemas donde no los había… Y ya ve, doctora… Creo que él es más infeliz en este matrimonio que yo —dije, dando rienda suelta a las lágrimas que traía atoradas mientras Sergio hablaba.

—No hables por mí —dijo él mientras se levantaba del sillón. Luego pasó al lado de la doctora y salió del consultorio, pasó frente al policía que ya estaba alcoholizado, se subió a su carro y se fue.

Yo me despedí de la doctora y lo seguí tan rápido como pude, pero no lo alcancé. Me quedé parada en la banqueta mirando cómo las luces de su coche se alejaban. Sentí una tristeza profunda y comencé a llorar. Me llevé las manos al pecho como para contenerme, para sentir mi cuerpo y cerciorarme de que no caería en el vacío que sentía dentro.

El policía me miró fijamente mientras movía la cabeza de una manera curiosa, supongo que lo hacía para intentar enfocarme. Le hubiera comprado su peda en ese instante, para no sentir la desprotección ni la soledad que se estaban clavando en el centro de mi pecho. En ese momento llamó mi hermana por teléfono y lo agradecí, porque me sacó de una de las peores sensaciones que he experimentado en mi vida. Conforme las palabras salían de mi boca, la historia se fue del corazón a la cabeza, ahí donde siempre me he sentido más cómoda, donde se pueden encontrar e incluso inventar razones que provoquen una emoción menos dolorosa.

Esa noche no dormí. Sergio llegó alrededor de la una de la madrugada, pero no se metió al cuarto. Hasta la fecha no le he preguntado lo que hizo al salir de consulta, pero puedo jurar que se fue a dar un largo paseo en el carro mientras escuchaba música. Las canciones las habría elegido con plena conciencia: el lenguaje de su alma es la música, su más fiel y solidaria compañía.

Esa noche, las palabras mencionadas en la terapia rompieron definitivamente el hechizo de amor que quedaba entre nosotros. Si en ese momento hubiera sabido lo que nos esperaba, no sé si la respuesta a la pregunta de la doctora ("Jessica, ¿amas a Sergio?") hubiera sido la misma.

# La gran decisión

## Sergio

Los días transcurrían. Las ideas no cesaban.

Las variables en mi cabeza me tenían ahogado. A veces las horas duraban días.

¿Qué hacer? ¿Qué decisión tomar?

Hay mucho que está en juego cuando se está al borde del abismo, en picada rumbo al divorcio. Hay que evaluar varias cosas. Pobres de mis hijos: ¿me quedo un poco más y me aguanto? ¿Qué sucederá con las dos familias? ¿Me quedo solo?

¡Qué tontería!

A la mierda… me voy a divorciar. No hay nada que pensar.

Hace mucho que no mando a alguien a la chingada; y creo que esta vez le regalaré el boleto en primera clase.

# Tercera parte

# El día que nos fuimos…

## Jessica

—¿Te vas a ir hoy?

—Sí, Jessy. Es lo que acordamos, ¿no? Además ya les dijimos a los niños, no podemos darles mensajes contradictorios.

—Está bien, sólo preguntaba, no tienes que usar ese tono.

—Es que no te escuchas, la que me habla horrible eres tú.

—¡Uf! ¿De verdad quieres hacer esto ahora?

—No, Jessy. Yo nunca quise hacernos esto, pero es que tú…

—¡Ah! ¿O sea que todo esto es mi culpa? No jodas, de verdad…

Es increíble la rapidez con la que llega la rabia a mi entraña. Sergio tiene la capacidad de ponerme en ese estado, y yo de sacar lo peor de él.

Se va sin decir adiós, está enojado y yo también. Es mejor así, de otro modo dolería demasiado.

Al escuchar la puerta cerrarse me invade un sentimiento de miedo. Trato de tranquilizarme pensando que mis hijos y yo estamos seguros, me cercioro de que las puertas y ventanas están bien cerradas y, mientras lo hago, me doy cuenta de que el miedo no ataca por ahí. El miedo amenaza en forma de futuro: en el momento en que está a punto de llegar y el que le sigue y el que llegará después.

El miedo está en que, en el instante en el que Sergio cerró la puerta detrás de él, dejamos de ser cuatro.

Sergio y yo somos muy brutos para muchas cosas y no estamos de acuerdo en miles de ellas; sin embargo, cuando decidimos separarnos, lo incuestionable y prioritario fue el bienestar de los niños. Así que llamamos a la terapeuta de Sebastian para que nos diera asesoría.

El miércoles 7 de febrero del año 2011 sentamos a los pequeños y les contamos una historia:

—Cuando los niños nacen se forman unos cordones de amor entre el ombligo de la mamá y del papá hacia el bebé, y también se forma uno igual entre hermanos. Esos lazos no se pueden romper con nada, porque son de sangre.

—¿Y tú tienes uno de esos cordones con papá? —pregunta Sebastian.

—No, mi amor, sólo contigo y con Camila, y claro, con los abuelos y hermanos. Esos cordones duran para siempre y no se rompen jamás, pero con los esposos es distinto, por eso podemos cortar.

—Mamá y yo ya no vamos a estar juntos, pero ustedes siempre estarán con nosotros. Las cosas van a cambiar… pero les prometemos que estaremos bien.

Sebastian está jugando con su Aquaman mientras nos observa de reojo como intentando no darse cuenta de lo que sucede. Por momentos detiene el juego y se queda pensativo, de pronto hace una expresión de asombro, mira su ombligo y lo toca.

—No siento nada. ¿Por qué no puedo tocar ni ver el cordón si es tan fuerte?

—Porque el amor no se toca, mi cielo, sólo se siente. ¿Tú puedes ver el amor que papá y yo te tenemos?

—No.

—¿Y lo sientes?

—Sí.

—Bueno, pues ahí está, sucede lo mismo con el cordón del amor… No lo puedes ver ni tocar, pero es lo más fuerte que existe. Además se hace largo y atraviesa paredes y calles y países y continentes…

Explico demasiado. El niño ya está jugando de nuevo con su muñeco, mientras que su cerebro sigue entretenido con la información que acaba de recibir.

Camila tiene tres años y, aunque nunca fue gordita, todavía tiene esos deliciosos rollos en las piernas y en los brazos. Esa mañana le había puesto el gorro rojo de M&M, regalo de su tía, que hace que sus cachetes se vean más inflados y colorados. Su cara está enmarcada por unos alborotados rizos castaños, y sus enormes ojos azules nos miran de manera curiosa.

Me siento como una escuincla berrinchuda e inmadura que no merece ser mamá de esos niños. ¿Estaremos haciendo bien? Los niños están muy chiquitos para vivir una separación. ¿Será muy grave? Sergio y yo no peleamos casi nunca… intento mentirme.

Llegan a mi mente las palabras del doctor Menéndez cuando le pregunté si había algún medicamento homeopático que curara la tristeza. Me dijo que no nos podíamos quedar juntos únicamente por los niños, que ellos superarían el divorcio y

163

que no les haríamos ningún bien sacrificando nuestras vidas por ellos, porque no sería justo para nadie.

Sé que tiene razón, pero ese miércoles 7 de febrero, mientras Sergio y yo tratamos de explicar algo incierto, intentando darle forma a lo que no la tiene, siento un quiebre inevitable y doloroso. Los niños, chiquitos e inocentes, están entrando a un mundo adulto de golpe. En unas horas su papá, al que adoran, se irá de su casa para siempre, rentará otra y poco a poco dividiremos sus vidas en dos: su ropa, juguetes, historias, vacaciones, festejos, celebraciones, todo lo que conocen está a unas horas de morir.

Si mi corazón no entiende lo que sucede, ¿cómo se lo explico a ellos? Lo único que quiero en este momento es meterme a la cama y taparme hasta quedar completamente cubierta por las cobijas para llorar por horas, por días. ¿Cómo me haré cargo de los corazones de mis hijos cuando el mío está hecho añicos? ¿Fue irresponsable casarnos? ¿No pensamos lo suficiente si estábamos listos para tener familia?

Recuerdo un pensamiento recurrente de mis años de adolescencia y juventud: la he regado un montón, pero nunca he hecho nada que pudiera joder mi vida de manera trascendental. A veces ha sido por mérito propio, pero la mayoría de las veces la he librado porque la vida me quiere mucho.

Sin embargo, lo que estoy viviendo cambia ese planteamiento. Divorciarme de Sergio es la evidencia de una metidota de pata de esas que me aterraban tanto; de esas de las que me había salvado hasta este momento.

Miércoles 7 de febrero. Estamos sentados los cuatro en el piso de la sala. Sebastian juega con su Aquaman mientras que

Camila nos observa con sus enormes ojos y Sergio esconde las lágrimas que luego, en soledad, liberará. Yo veo pasar mi vida en ellos, en mi familia, en mi rebeldía, en la impulsividad que me caracteriza, en los años pasados y en los que llegarán, y me hago chiquita, me retiro de ese lugar de sufrimiento, me cuento una historia en la que las cosas, de alguna manera, estarán bien. Aprieto los párpados con fuerza y le pido a quien está a cargo de este enorme y ridículo mundo que no nos abandone, porque siento que no podré levantarme del piso nunca, pues en el momento en el que lo haga, las palabras dichas en ese espacio se materializarán y esta historia se hará realidad.

Estamos los cuatro al filo del precipicio y lo único que se ve abajo es neblina.

Tendremos que agarrarnos de lo que sea, atrevernos a cerrar los ojos y lanzarnos, sin promesas ni futuros, para caer en un lugar desconocido en el que no sabemos si habrá una red de seguridad esperándonos.

# ...y yo a vivir con la jefa

## Sergio

11 de febrero, 18:27, miércoles, clima templado. Mi cuerpo y mi mente emocionados, mi corazón destrozado, mi alma arrastrada, mi semblante en paz, mi interior inquieto. ¿Mi pronóstico? Quién sabe...

Les abro las puertas del carro a mis hijos para que se suban. Mi nena aún necesita una silla para el coche; al irle abrochando esos difíciles, duros y esclavizantes cinturones de seguridad, la veo de cerca, justo la distancia a la que me gusta tenerla; la veo con ojos de amor, mientras que ella, seguramente, nota cómo las lágrimas se acumulan alrededor de mis pupilas.

Me sonríe, como siempre, sin la noción de lo que está por suceder. Después de acomodarla, arrastro tres maletas a la cajuela, hago magnos esfuerzos para moverlas, pues pesan como tablas de mármol. Mi vida en tres maletas...

De pronto mi hijo me grita: "Papá, ¿me cargas a mi asiento?". Dejo las maletas mal acomodadas, medio salidas del perímetro de la diminuta cajuela, y corro a levantarlo y a apretarlo, mientras acomodo mi cabeza en su hombro, con la urgencia de esconder mi llanto que no puedo contener más. Le pregunto en un susurro si no se quiere llevar unos muñecos para entretenerse en el camino. Responde con un movimiento negativo de cabeza. Termino de amarrarlo y subo la mirada, recupero el aliento y les pregunto: "¿Listos, nenes, para saludar a la abuela?".

Pongo la lista de canciones que me piden, canciones que les enseñé y con las que se educaron desde que estaban en la panza de Jessica. Recorremos por última vez las callejuelas empedradas del conjunto donde está la casa en la que vivíamos, hasta hoy, los cuatro. Esa misma noche ya no regresaría a esa casa ni a ese conjunto, ya no estaría en las noches para taparlos en esas camas.

*Se acabó, se terminó*, pienso mientras manejo sin poner atención al camino; voy en automático, no me doy cuenta de cómo llego a casa de mi mamá. Sólo muevo el volante mientras por mi mente pasan cientos de escenas de mis últimos cinco años como padre. Proyecciones del pasado que me hacen dudar si estamos haciendo lo correcto. Me llegan momentos desgarradores, y otros de paz que vienen acompañados por la tranquilidad de saber que mañana veré a mis hijos, y también pasado mañana y también el día que le sigue, y que ésta sólo es una nueva etapa, que no se separarán de mí ni yo de ellos. Sin embargo, me siento egoísta.

Por otro lado, escucho fanfarrias y cornetas que cantan un himno de libertad, una oda a la paz, a mi radical cambio.

Nunca jamás amaneceré al lado de Jessica. No más verle la cara al despertar, no más oír sus quejas y achaques desde que su pie toca el suelo. Qué festejo sonaba en mi cabeza, y al mismo tiempo la traición a mis hijos. Mi liberación tiene un precio muy alto que mis críos tienen que pagar, ellos desean que sus papás se perdonen y vuelvan a vivir bajo el mismo techo.

Mi celebración va de la mano del sufrimiento de entender, sin entender realmente, que había llegado el día, ese día que tanto quise estirar y ocultar. El día que nos fuimos, el día en el que la familia de cuatro se divide en dos tríos, el día en el que se sepulta mi matrimonio y emprendo un nuevo recorrido solo, otra vez, hacia quién sabe dónde. El ridículo y anticuado dicho de "más vale solo que mal acompañado" cobra sentido.

Por fin llegamos al garaje de la casa de mi madre. Jessica viene detrás en su coche; el solo hecho de verla por el retrovisor y saber que no tengo que estar ahí con ella, y que en la cabina de mi auto gobierno yo, me hace sonreír. La temperatura y el volumen de la música están justo como a mis hijos y a mí nos gustan. Ellos cantan y discuten por nimiedades, como siempre.

Estamos enfilados esperando a que el policía abra; unos minutos después mi coche queda acomodado en su nuevo lugar de estacionamiento. Ya no soy una visita en esta casa. Jessica deja su auto en el mismo lugar en el que nos estacionábamos los domingos cuando íbamos a visitar a la abuela.

Ahora, dentro de un rato, Jessica se echará en reversa para salir e irse de vuelta a mi excasa, se llevará a los niños y yo pasaré la primera de las quinientas cuarenta noches que estaré en casa de mi mamá.

Me estaciono, pero no bajo las maletas, no quiero que los niños vean la escena de su papá echando raíces en casa de la abuela. Además, no tengo ganas de abrir esa cajuela y ver esas tres piezas de equipaje que son las anclas que me harán estancarme en el cuarto piso de este edificio por mucho más tiempo que el deseado.

Desabrocho a los niños y los bajo del coche. Se prenden de mis manos y caminamos los cuatro hacia el elevador. Mi madre nos espera arriba con la puerta abierta, nos recibe con las galletas preferidas de los nietos y con los brazos abiertos.

Los niños son mágicos. Recuerdo que hace tres semanas les hicimos un show Jessica y yo, tal y como la psicóloga recomendó. Les hablamos de un hilo de amor que nos une a ellos para siempre. Aquella tarde, veinte días atrás, los niños no lloraron al escuchar la noticia de la separación, no se portaron agresivos; por el contrario, sus reacciones fueron simples, sencillas. Sebastian hizo un par de preguntas y luego siguió jugando con sus muñecos, y Camila nos miró con sus enormes ojos y luego se fue detrás de su hermano. Las andanzas de Aquaman eran mucho más interesantes que nuestras explicaciones de algo que, de entrada, no entendía.

Jessica abraza a mi mamá con fuerza, comunicándole una sensación de parálisis, y mi mamá le devuelve el abrazo, diciéndole sin hablar que todo va a estar bien. A mí me saluda con naturalidad sabiendo que, al cerrar la puerta, cuando mis hijos se vayan, compartiremos el llanto que traemos atravesado.

La visita de mis hijos es corta, así lo habíamos acordado. Iríamos todos a la nueva casa de papá para que los niños constataran que su padre se quedaba bien. Antes de irse, Jessica saca un marco de vidrio con una fotografía de mis pequeños en el cumpleaños de Sebastian, en donde él aparece con una corona de cartón y Camila posa pegada a su hermano. Ambos sonríen.

—Traje esta foto para que la pongas junto a ti y puedas verlos en las noches que no duerman contigo —dice Jessica.

Y en ese momento brota la primera lágrima. Esas palabras me abren el alma con un filoso y delgado bisturí. No sé cómo desenredar el nudo que traigo dentro; con cuánta fuerza abrazaría a mis hijos en breves momentos para darles las buenas noches. Va a ser más difícil de lo que creía, pienso. No puedo romperme frente a los niños, eso me queda muy claro. Sebastian tiene cinco años y medio, Camila tres y medio. Al abrazarme de pie apenas alcanzan mi cintura. *Ésta es una decisión ridícula*, reflexiono.

No sé cómo despedirme, no sé si cargar a uno por uno o a ambos al mismo tiempo. ¿Qué tipo de abrazo les doy? No quiero que sientan mi ansiedad, pero tampoco quiero que crean que no me importa que se vayan. Me siento en el sillón, para acomodarlos a cada uno en cada pierna, recuesto sus cabezas en mi pecho y así puedo llorar sin que lo noten.

*Cuando se vayan, se irá también por esa puerta una etapa*, pienso mientras los tengo abrazados. Entonces miro a Jessica con morbo para verificar si está llorando, pero más que eso, necesito verla para amortiguar este momento, necesito verla y recordar el odio, olvidar sus detalles y su amabilidad, necesito volver a ese terrible sentimiento de rencor, aborrecerla para poder dejar ir a mis hijos, para terminar ese abrazo. La miro fijamente, y afortunadamente regresa el coraje que requiero para que se me borre la tristeza. Logro levantar las caras de mis hijos y decirles:

—Niños, ya se van, nos vemos mañana por la tarde. Suerte en la escuela y recuerden nuestros lazos, nuestros hilos invisibles nunca se romperán. Éste es solo un cambio y los cambios son buenos, así que denle un beso tronado a papi y vayan con mamá, para que se bañen porque huelen horroroso —concluyo, logrando sacar sonoras carcajadas de los niños.

Jessica se despide de mi madre; las dos contienen el llanto.

En cuanto se cierra la puerta, mi mamá corre a su recamara. Yo me aferro a la perilla de la puerta con ganas de cerrarla, pero la aprieto con la fuerza de un rinoceronte encabronado. Si esa perilla hubiera podido emitir algún sonido, habría pegado de gritos diciendo: *¡Auxilio, me ahorcan!* Miro a los niños que se alejan por el pasillo, les sonrío y bajo la mirada para ocultar el mar de lágrimas que finalmente dejo salir. Le digo adiós a mi esposa, un verdadero adiós de esos que sabes que es el último. Ellos tres se van a mi excasa para empezar con la rutina del baño, de la cena y demás, mientras que yo me quedo detrás de la puerta berreando, confundido y asombrado. En mi cabeza suena una voz que dice: "Eres libre" y al mismo tiempo y con la misma fuerza reclama: "¿Qué chingados hiciste?".


Febrero 11, 19:44. Miércoles, clima fresco, mi cuerpo abatido, mi mente en blanco o perdida. ¿Y mi corazón? Mi corazón… creo que en estos momentos está encerrado en un armario de emergencia.

No sé en qué condiciones está mi semblante, no quise verme al espejo. Mi interior se encuentra en estado vegetal. ¿Mi pronóstico? Mmm… incierto.

Un año y medio: dieciocho meses me quedaré viviendo en casa de mi mamá, unos días con mis hijos y otros días solo. Mejor dicho: nunca solo, con mi madre y su esposo, pero sin mis hijos la mitad del tiempo, y es que esa parte del divorcio es la más dolorosa.

A mis cuarenta y un años estoy de regreso en casa de mi madre, de nuevo compartiendo el mismo espacio. ¡Qué ironía! Soy un padre que sufre por no tener bajo el mismo techo a mis hijos cada noche, y ella una madre que por los próximos quinientos cuarenta días tendrá de vuelta bajo su propio techo a su hijito, a aquel hijo que se convirtió en un hombre que hizo y deshizo y después se casó, se convirtió en papá y así, un buen día, después de décadas está de vuelta. A unos meses de firmar el divorcio en un juzgado y de dividirse en muchos pedazos para poder ser un papá presente.

Mi mamá sufre por dentro, como buena madre, al verme en estado rabioso, triste; sin embargo, se porta alentadora y cooperativa, es de una gran ayuda. Noto que para ella no soy papá ni hombre de familia: ante sus ojos soy su bebé. Me hace sentir bienvenido en su casa.

Existe una parte velada en la que me da gusto regresarle a mi mamá un poco de mí, por los años en los que no estuvimos juntos. Cuando mis papás se divorciaron, mi hermana menor se fue a vivir con mi papá y yo hice lo mismo un tiempo después. No puedo negar que sentí una gran culpa cuando tomé esa decisión.

El esposo de mi madre es un gran tipo, callado, reservado. Él funciona en revoluciones distintas a las mías. Si nos comparamos con música, él sería una canción de los años treinta al ritmo de jazz, que sirve de acompañamiento para una cena relajada, y yo sería un *mix tape*, entre heavy metal, blues, algo de rock and roll y una pizca de pop, pero a todo volumen. Nuestros decibeles están muy lejos de fundirse en un solo canal; sin embargo, él es atento y cooperativo conmigo. Al final del día fui yo quien llegué a invadir su casa, a invadir el cuarto que usaba como estudio y bodega, a invadir su vida.

A pesar de ser tan distintos, los dos tenemos la costumbre de bañarnos por la noche, así que a veces nos encontramos en la puerta del baño queriendo usarlo al mismo tiempo. En la mayoría de las ocasiones lo dejo entrar primero y a mí me toca esperar; y, como soy del club de los impacientes, me irrita tener que ceder. Además no entiendo por qué usa la regadera de visitas, si en su cuarto tiene un baño completo. Éstas son las cosas que nunca comprenderé de él ni de ninguna otra persona, porque la realidad es que todos somos maniáticos en distintos aspectos, y es ahí donde comienza la labor de aguantar. Si se quiere vivir en matrimonio o compartir la casa con otro ser humano, la palabra mágica es *ceder*.

Mi madre, por otro lado, me hace sentir en casa. Pero honestamente, ¿a quién, pasados los cuarenta años, le gusta regresar a vivir a la casa materna, semidivorciado, con los hijos encimados, sin muebles, sin clósets y sin música? Tengo tres mil quinientos CD, ¿cómo haría para tenerlos conmigo? Después de mis hijos, son lo más preciado. La música es mi esqueleto, sin ella no lograré aguantar. Me atormenta vivir sin mi música, sin mis discos me siento despojado, ajeno, aislado.

Entre mi madre y su marido me dan el mejor trato y me invitan a convivir con ellos en todo momento: en la cena, los fines de semana, a la hora de ver el noticiario. Pero yo lo único que quiero es estar encerrado en la habitación que funciona de cuatro maneras distintas al mismo tiempo: mi recámara, el cuarto de mis hijos, el estudio-oficina del esposo de mi mamá, y la bodega de todo mundo. Organizamos los estantes en donde él guarda sus libros para poner la ropa de mis hijos y mía, los zapatos pegados a las paredes y los juguetes amontonados en los rincones.

Un gran amigo mío que es abogado me presta un futón de madera, pero la colchoneta pesa como dos toneladas y resulta imposible que una persona sola lo cargue, así que se queda inmóvil en un rincón del cuarto. Compro un colchón inflable que uso cuando mis hijos vienen a dormir, para que ellos se acuesten en el futón. En esas noches me rompo la espalda, pero tenerlos dormiditos, pegados a mí, hace que se me olviden mis dolores musculares. Dentro del cuarto está el escritorio de mi mamá con una computadora de mesa, al lado pongo la mía. Todos los días me recuerda que tenga cuidado con su aparato.

Ese tipo de intercambios acentúan la urgencia de ver opciones para mudarme a un lugar propio, además de que noto que la dinámica de mis hijos de pronto resulta demasiado activa para la vida a la que están acostumbrados mi mamá y su esposo. La logística es complicada: los niños se portan bien en general, pero son niños, se pelean, gritan y, aunque mi mamá y su marido no son tan mayores, a veces se hartan.

Las noches transcurren demasiado rápido veo: el reloj, han pasado cinco meses y nos hemos acostumbrado a estar juntos, en un apretado hogar, donde me sigo preguntando si lo que hicimos Jessica y yo fue lo mejor. Mi mamá y su esposo me dan mi espacio, no preguntan ni opinan, yo tengo días buenos y otros en los que la tristeza es terrible. En esos días grises me ayudo con pensamientos positivos y los uso como bastón para recorrer las calles de la inmensa soledad que, al final, me está curtiendo para dar los siguientes pasos.

# Revelaciones en el espejo

## Jessica

Me metí al baño y me miré en el espejo. Sergio y yo llevábamos tres meses separados y lo único que hacíamos era pelear. Todo lo que no reñimos durante el matrimonio, lo estábamos haciendo separados. Me mojé la cara y contuve la rabia. Tenía ganas de matarlo. Me volví a mojar el rostro y me miré de nuevo. Me había convertido en una mujer con el pelo rojo y grifo; con quince kilos de más, sumados a los que había acumulado en mis embarazos, y la cara llena de acné, como cuando tenía diecisiete. El contorno de mi rostro era tan redondo como la luna. Estaba vestida con los pants que usé en ambos embarazos y la playera rota con manchas de algo que no recordaba qué era.

Sergio tocó a la puerta.

—Entonces, ¿qué onda mañana con los niños? ¡Carajo! ¡Ya me quiero ir!

Salí con una parsimonia desesperante aun para mí misma y dije palabras que no sentía pero que intuí era menester decir:

—Yo no me vuelvo a pelear contigo nunca más. Si quieres bronca, tendrás que encontrar a otra persona. Y ahora, necesito que te vayas.

Cerré la puerta en su cara y me fui a ver la tele.

—Mami, ¿papá ya se fue?

—Sí, Sebastian. Duérmete, mi amor —dije conteniendo las lágrimas.

La vocecita que vino del piso de arriba me obligó a acostarme en el sillón de la sala en posición fetal para llorar: por Sergio, por mí y por el pacto que teníamos de morir juntos —yo a los ochenta y tres y él a los ochenta y cinco años—, en un concierto como consecuencia de la detonación de una bomba atómica que terminaría con la humanidad, o de menos, con el Foro Sol.

Esa noche me aventuraría a vivir un drama épico: lloraría, bebería, dormiría, escribiría y haría caso omiso al paso de las horas. Al día siguiente llevaría a los niños al kínder y regresaría a casa a dormir de nuevo. Le pondría pausa a mis actividades para dedicarme de lleno a vivir el luto de mi matrimonio fallido.

Entré a la cocina para beber algo: un drama sin alcohol o sin helado no está completo. Helado no tenía —no me gusta— y el alcohol que guardábamos estaba rancio. Lo único que aún respiraba en la alacena era un Baileys que le iba a dar de regalo al doctor Menéndez para las navidades. Abrí la botella y lo serví en un vaso con hielos. Tomé un par de sorbos y tiré el resto en la tarja. Me había dado náuseas, además de que una borrachera con Baileys era lo último que necesitaba para mis, ya de por sí, terribles dolores de cabeza.

Regresé a la sala y prendí el televisor. Llevábamos años sin tener cable, medida un poco obligada. La casa estaba construida de tal forma que el cable no llegaba donde teníamos el aparato, así que decidimos que veríamos películas y series y nos olvidaríamos de los convencionalismos de tener algún tipo de servicio de paga. Para nuestras familias era una más de nuestras excentricidades. Esa noche puse un capítulo de *Friends*, mi placer culpable, regalo de cumpleaños de Sergio. Me deprimí aún más después de verlo, pues sabía los diálogos de memoria, síntoma de que había visto demasiadas veces la serie. A las diez de la noche me dio sueño y me fui a dormir.

Así que ni drama, ni llantos, ni desveladas, ni helado, ni alcohol. Solamente tenía la firme decisión de no volver a pelear con Sergio. Con eso me fui a la cama aquella noche, y cada día he refrendado esa decisión.

Después de que Sergio se fue aquella noche, me llegaron preguntas y situaciones que no estaba aún lista para vivir. ¿Qué me esperaba después del divorcio? De por sí me chocaba la idea de ser señora… El espejo me decía que me veía chavita, y en algunos lugares me seguían diciendo *señorita*, pero eso le sigue pasando también a mi abuela, que ya ronda los noventa. Después de ese día, no sólo sería una señora: sería una señora *divorciada*.

El primer choque contra la realidad fue la llamada de un conocido que me dijo:

—Me acabo de enterar de que estás separada. ¿Quieres ir a tomar un café?

No supe qué contestar. Todavía escuchaba el motor del carro de Sergio alejarse y este señor ya se había enterado de mi nueva situación civil. Y no, no lo posteé en Facebook, ni lo tuiteé, ni puse una foto mía en bikini en Instagram. Para mí, ventilar en las redes sociales situaciones emocionales o de cualquier otra índole me parece absurdo, pretencioso, arrogante y egocéntrico. Pero yo no soy quién para juzgar… claramente.

Cuando Sergio me pidió matrimonio, estaba segura de que nuestra relación iba a funcionar porque yo tenía treinta años y había vivido en soltería lo suficiente: pasé cuatro años en Estados Unidos, uno en España y seis meses en Italia. Tenía licenciatura, maestría y llevaba cerca de diez años trabajando. Estaba tomando la decisión desde un lugar certero, a diferencia de mi hermana, que se casó siendo una niña de veintiuno. Claro que ella sigue con mi cuñado y yo, que era la que hacía las cosas desde un lugar más maduro, estaba a punto de divorciarme… Así que al final los hechos de la vida me callaron la boca.

Le contesté al tipo que no tenía intenciones de salir con él. De hecho tomé la decisión, en ese momento, de que no saldría con él ni con ningún otro, por lo menos en lo que ponía a mi ego en su lugar, en lo que le hacía entender que yo no era nadie para decir nada respecto a nadie.

Mientras que el espejo no reflejara a la mujer que quería ser, sin pretensiones ni prejuicios, me quedaría inmóvil. Eso era lo que quería de verdad, detenerme. Detener al mundo a mi alrededor para ver si aún sabía cómo respirar.

# El ratón

## Sergio

Hoy se te cayó un diente, preciosa hija. Hoy vuelves a quedar chimuelita y te vas a ir a la cama con esa divina inocencia que me parte el alma, porque no sé de dónde sacaré un billete de cualquier denominación para cumplir con mi papel de papá-ratón.

Ahí voy por la vida consiguiendo dinero como energúmeno para cubrir la tarjeta American Express. No puedo perder mi AMEX, me urge que liberen mi crédito de nuevo. Junto el dinero como puedo y cuando la pago, me dicen: gracias por su depósito, pero no podemos reactivar su tarjeta. *¡Dios mío!*, pienso mientras escucho la terrible noticia que me da la señorita con una enervante voz, vía telefónica.

Ya no me queda ni una tarjeta, tenía cuatro y las perdí todas. No tengo efectivo, y no soy sujeto para pedir ni siquiera cien pesos de crédito. Las arcas están completamente vacías, el refrigerador vacío, y lo que resulta aún peor, mis ideas también se vaciaron.

Sin embargo, lo que más me acongoja es lo que se siente en mi alma, ese hueco que no sé cómo se va a llenar....

Me detengo… ¿Qué estoy diciendo? Mi alma está llena, llena de gloria, de amor, de paz mental, no me logro explicar cómo, pero también está llena de inteligencia emocional, de bendiciones y equilibrio. Me invade una armonía distante de la realidad que vivo, y de alguna extraña manera que no alcanzo a entender, siento que voy sanando.

Me confundo; sin embargo, me doy cuenta de que la única que está vacía es mi bóveda de riqueza. *No te equivoques, Sergio,* me digo, *lo que está mal es la economía en este momento… pero ésa no es tu alma.*

Por otro lado, no puedo pensar ni existir; parecería que estoy deprimido, pero eso no es real. Estoy inquieto y no puedo negar que también un tanto asustado. ¿Cómo es posible que no esté entrando en pánico?

No tengo ni para una botella de agua en la miscelánea, no tengo para pagar el estacionamiento o la compostura de mi carro. Sin embargo, me siento bendecido, tanto que me dan ganas de llorar. Esas lágrimas llenarían aún más mi alma. ¡Qué paradoja tan enriquecedora!

Pienso en mis hijos. ¿Qué hago con ustedes, hijos divinos? Criaturas que me traducen en sus ojos como el mejor papá del mundo, que me ven como el hombre más inteligente del planeta y, cuando lo hacen, me siento el peor, no puedo evitarlo. La verdad es que les miento a los niños, les llevo mintiendo ya muchos años… Ellos creen que tenemos dinero como la mayoría de la gente. Saben que no somos millonarios, pero piensan que podemos tomar un vuelo e irnos unos días a donde sea. No saben que no queda ni un centavo.

En esta delicada situación me sorprende la actitud de mi

exesposa. El incumplimiento del proveedor en casa es uno de los máximos causales de divorcio; ahora imaginen lo que es estar divorciados y que el hombre empiece a fallar. Lo lógico es que la ex estalle y empiece una nueva batalla campal, pero no en mi caso. Estoy tan bendecido, que la madre de mis hijos no sólo no se alebresta: está pendiente de mí más que de mi cartera.

Increíble que sea ella la porrista número uno para no dejarme caer, me dice cosas motivantes y me manda mensajes de alivio y futuro. Ésa es la plenitud de un tipo devastado. Ésa es la liana que me mantiene para no caer en el abismo. No, no puedo mantener a mis hijos, a mi familia, estoy roto y ella, aun estando divorciados, me socorre, me da apoyo e incluso me ofrece llevarme comida a mi casa. ¿Cómo se le llama a eso? ¿Magia? ¿Imposibles, posibles?

Se llama coherencia, empatía, humanidad; se llama bendición, y eso sólo se logra entendiendo que la expareja será siempre familia. Somos padres de los mismos hijos. Ésa es la única manera en la que los niños podrán sentir paz en sus corazones.

Hoy se te cayó un diente, Camilita, preciosa. Lo tomaste entre tus manos y lo envolviste con mucho cuidado para ponerlo debajo de tu almohada y, justo antes de dormir, me pediste que estuviera muy pendiente del ratón. Luego me diste un beso y uno de esos abrazos que llenan mi mundo, te acostaste y cerraste los ojos con una sonrisa de tranquilidad dibujada en los labios, pues estabas segura de que el ratón no te fallaría.

# El juzgado

## Jessica

La mayoría de los niños piensan que los adultos entendemos el mundo y confían en que nos sabemos mover en él.

Cada noche y de forma invariable, Sebastian, de diez años, me pregunta si *vienen malos*. Yo respondo que no, y él se duerme sintiendo la paz que experimenta alguien que cree en la palabra de su progenitor.

Cuando mis hijos se van a la cama y el silencio reina, me quedo pensando en la pregunta de mi niño. Cuando dice "malos", ¿a qué se refiere? Porque a mi mente viene un número extenso de gente amenazante. Para él los malos serán: ¿el Guasón?, ¿el actor disfrazado de ratero que sale en las películas?, ¿el presidente de nuestro país?, ¿el candidato a la presidencia de algún país vecino? El *quid* es que mi hijo cree que yo tengo el poder de ver el futuro y asegurarle que los malos no van a venir.

De niños no vemos la vulnerabilidad de los padres, por eso —la mayoría— nos sentimos seguros, porque estamos con gente que creemos que sabe lo que hace. Pero aquí se desarrolla una historia que habla de todo lo contrario: no dejamos de ser vulnerables como niños cuando nos convertimos en adultos, no sabemos quiénes son los malos ni sabemos si llegarán o no, y en muchos, muchos casos no tenemos ni idea de lo que estamos haciendo.

Cuando Sergio se salió de la casa y pasó la etapa del drama, de los gritos y de las peleas, nos fuimos ajustando a la nueva realidad. Entonces me enfrenté a una de las etapas más difíciles de mi vida. Había que contactar a un abogado, hacer cuentas, recaudar los gastos de mi familia por más mínimos que fueran para desglosar lo que costaría la nueva vida; luego tocaba cotejar números con los de Sergio y llegar a la cantidad de dinero que me pasaría al mes.

Como las cosas estaban relativamente tranquilas, decidimos contratar al mismo abogado. Sin embargo, el convenio final lo revisé con un amigo, que, después de leerlo, me dijo que estaba loca: nunca me alcanzaría con lo que le estaba pidiendo a Sergio. No obstante, le respondí que no necesitaría más, que estaba acostumbrada a trabajar y a pagar por mis cosas desde hacía mucho tiempo. Pero la preocupación la tuve presente siempre en la cabeza, como si anticipara los problemas.

El acuerdo se firmó, los papeles y las copias fueron y vinieron, y al cabo de unos meses fuimos al juzgado para firmar nuestro divorcio. No puedo negar que estaba un tanto nerviosa, pues la irreverencia de Sergio no es bien vista en muchos lugares solemnes como es el juzgado de lo familiar. Mientras llegaba el juez esperábamos afuera del juzgado, yo fumando como loca y Sergio dando vueltas en estado frenético. Yo no lo perdía de vista, pues lo conocía y sabía que en cualquier momento se desesperaría y me diría que nos divorciáramos en otro momento, que él tenía citas y cosas que hacer.

Después de cuatro dolorosas horas de espera, nos pasaron a una sala en donde el abogado nos recordó que teníamos que dirigirnos al juez como "su señoría" y que no se nos ocurriera hablarle de tú, ni hacer bromas. Lo poco de aire que tenía dentro de mis pulmones, y que me mantenía semiviva, se me escapó con la petición del abogado.

Sergio no entendía lo que era hablarle de usted a nadie, y mucho menos usar el término de "su señoría". Ya me veía viviendo atada de por vida a ese ser irrespetuoso que no estaba dispuesto, y no lo estaría jamás, a coexistir en un mundo de jerarquías.

El juez entró, se presentó, se sentó frente a nosotros y comenzó a leer el acta. Sergio lo interrumpió de inmediato para preguntarle lo que significaba tener la patria potestad de los niños, y lo hizo en ese tono golpeado tan característico que tiene. Sin embargo, no pasó a mayores. Después de treinta minutos de lectura y de algunas preguntas que nos hizo "su señoría", salimos bien librados y bien separados. La angustia se me fue de los hombros. Nos dimos un abrazo en las puertas del juzgado número 52 de Huixquilucan y regresamos a nuestras ya separadas vidas, compartiendo el mismo taxi. Me sentía feliz puesto que lo más difícil estaba resuelto, y suponía que la vida me dejaría vivir unos momentos de tranquilidad y paz.

En el transcurso de la semana que siguió, le platiqué a una amiga con gran regocijo el éxito de mi convenio y de mi divorcio. Ella, amablemente, respondió que no me emocionara tanto y prosiguió a contarme un sinnúmero de eventos desafortunados, de mujeres conocidas y desconocidas a las que sus exmaridos las tenían en un régimen terrible de austeridad y maltrato.

Defendí a Sergio diciéndole a mi amiga que él no era de "esos", que sería incapaz de tratarme mal; pero no puedo negar que en las profundidades de mi humanidad temblé. Mi amiga suele ser insistente y muy pesimista, y se obstinó en contarme un par de casos que se parecían al mío, en los que las cosas habían empezado muy muy bien, pero habían terminado muy muy mal.

En cuanto salí del restaurante, llamé a Sergio para suplicarle que no me decepcionara, que cumpliera su palabra y honrara nuestro acuerdo. Y así lo hizo hasta que, después de un año de divorciados, perdió su trabajo.

Recuerdo que la noche en la que me dio la noticia me la pasé sentada en la cama con la lamparita prendida, un libro entre mis manos y un temblor en el cuerpo que por momentos se hacía más intenso. Estaba en un estado de anestesia, no sentía nada salvo cuando la conciencia me repetía las palabras de Sergio, y entonces mi cuerpo se alteraba como si me estuviera persiguiendo un animal salvaje. Las lágrimas rodaban por mis mejillas de manera automática, pero era como si esas lágrimas y la sacudida fueran de alguien más. Luego entendí que, si en ese momento me hubiera permitido sentir el miedo, me habría dado un ataque de pánico.

Quería hacerme bolita, esconderme en el fondo de mi cama y no salir. Perderme en los confines del lecho y mimetizarme con el colchón, quería desaparecer. Convertirme en alguien más para no tener que despertar siendo *yo* al día siguiente.

# Vidas rotas

## Sergio

Viví horas, días y años rodeado de cosas rotas, objetos rotos, ideas rotas. Calcetines, muebles, mi coche, pantalones, playeras, aparatos, sillas… en fin: todo lo que tenía a mi alcance estaba roto o se rompía en cuanto entraba en contacto conmigo.

Y mis finanzas no eran la excepción. La economía tenía hoyos que tapaba descubriendo otros. No tenía ni para pagar el súper, hacía malabares para comprar, pedía prestados setecientos pesos por tres días para poner comida en una mesa rota y alimentar a mis hijos. Los días me parecían rotos también, mis ideas no tenían ni pies ni cabeza; y cómo podrían tenerlos cuando se vive apagando incendios. Lo único que cabía en mi cerebro era la idea de sobrevivir.

Cada que me topaba con otra cosa rota, me angustiaba, me enojaba, fruncía el rostro completo y de mi boca brotaban palabras de hastío sin control. Incluso hablaba solo, mentando madres, preguntando hasta cuándo, hasta cuándo iba a sanar esa constante. Ya me había cansado de las composturas, no quería coser los pantalones ni pegar adornos. Quería dejar de *des-romper*.

Quería tirar todo por un precipicio y empezar de nuevo, acabar con lo que estaba desportillado. Quería salvar mi alma y mi cerebro; el corazón ya no importaba: al fin y al cabo también estaba roto.

Con el tiempo descubrí que no sólo eran mis finanzas y los objetos en mi casa lo que estaba quebrado: había relaciones a mi alrededor que sólo me hacían daño. Una de esas relaciones había sido mi matrimonio, un matrimonio destrozado, en donde se había desmembrado el pacto con mi esposa. Ambos rompimos las promesas y, por un tiempo, nos seguimos con lo que pudimos. La venganza y el dolor generan más de lo mismo…

La perspectiva empezó a cambiar poco a poco, dejé de ver el sillón roto y me centré en el hecho de que ahí era donde me sentaba con mis hijos a ver películas. Tenía que lograr un desapego hacia lo material, dejar de ver ese desagradable e incómodo agujero que me retaba para que cayera en la tentación de la ira.

Creo que la instrucción con la que yo venía era: rómpase el alma para alcanzar un objetivo más imperante. La única posibilidad de salvación era dejar de romper cosas, bajarle al enojo y al orgullo. Me di cuenta de que, de no hacerlo, acabaría por hacerle un gran hoyo difícil de sanar a mis hijos. Enmendar eso tendría otro precio que no estaba dispuesto a pagar.

No tenía idea de lo que seguía ni de cómo le haría para dejar de vivir en un mundo fracturado, pero tenía una sólida intención. Y eso era mucho más fuerte que el suelo quebradizo que llevaba pisando en el último tiempo.

# Te voy a demandar

## Jessica

La situación se fue en picada, pero suavecito, de manera casi imperceptible. Como a las ranas que meten en agua tibia y les van subiendo la temperatura poco a poco, y para cuando se dan cuenta, están a un suspiro de ser cocinadas, así me pasó a mí. Igualito.

Al principio, Sergio me daba la quincena unos días más tarde; luego eran mil pesos menos, después dos mil, y pasados unos meses no lograba ni la mitad. Entonces llegaron las promesas: "La semana que viene", "El mes que entra me pongo al corriente", mientras que las cuentas en mi cuaderno iban engordando. Hacía malabares para manejar un capital que no tenía e ideaba estrategias para que los niños no se dieran cuenta de las carencias.

Apretaba la lista del súper quitando cosas innecesarias como la carne o el pollo, porque, ¿qué niño necesita proteínas para crecer? Hice un estudio detallado de lo que consumíamos en casa y no compraba ni un gramo más de nada. Los fines de semana no gastaba un quinto extra, pero mis esfuerzos no se veían reflejados: cada vez tenía menos orilla a la que aferrarme. Mi sueldo me dejó de alcanzar y me vi obligada a solicitar préstamos que cubría con otros préstamos.

Mis noches empezaron a ser más cortas, y las pocas horas que dormía estaban llenas de cuentas, de lágrimas, de temor. Las pesadillas tenían diferentes protagonistas: a veces era mi casera corriéndonos del departamento, en otras eran los bancos metiéndome a la cárcel, a veces era la escuela diciéndonos que los niños se quedarían sin educación. En las noches menos terroríficas ideaba la manera de irme a Israel con mis hijos a empezar una vida lejos de nuestra realidad, que no tenía cómo mejorar.

Tenía los músculos de la cara tan tensos, que me costaba trabajo moverme; incluso me daba la impresión de que iban a romperse. Cualquier giro de cuello un poco brusco era motivo de tortícolis. En ese año había roto dos guardas dentales: mis mandíbulas estaban expresando el enojo que sentía. Me daba dolor de cabeza y de oído todas las mañanas. La colitis y la gastritis eran ya tan parte de mí que, cuando no las sentía, las extrañaba.

Cuando el despertador sonaba, tardaba varios minutos en regresar al mundo. Mi inconsciente estaba exhausto de lidiar conmigo y se quedaba en el plano de lo inexplicable a ver si *algo* se compadecía de mí y me mandaba al olvido, pero eso no sucedió. Las mañanas llegaban siempre, sin falta y sin piedad.

Una tarde llamó mi casera para quejarse de que Sergio le debía la renta de cuatro meses. Inmediatamente sentí un nudo en la garganta y lágrimas que tuve que tragar para no dejarlas salir. Se apoderó de mí una furia que llegó hasta los pulmones y el cerebro, mi respiración se aceleró, y un dolor repentino y agudo se postró en mi nuca.

En cuanto colgué el teléfono llamé a Fabián. En ese momento necesitaba esa energía negativa, oscura y llena de odio que me diera la razón y me ayudara a pensar en formas en las que podía vengarme del causante de mis desgracias.

Mi amigo reaccionó justo como esperaba y, después de desbaratarse en insultos en contra de mi ex, me dijo que tenía que demandarlo, que estaba perdiendo el tiempo hablando con él.

—Amenázalo con los niños. Ni modo, era tu última opción, pero te está obligando a que lo hagas —decía, convencidísimo de que todos los divorcios, como el suyo, se convertían antes o después en historias de terror.

Y entonces, como poseída por esa voz y por ese enojo, tomé el teléfono y le dije a Sergio que me urgía verlo.

Repetí una y otra vez en voz alta lo que le diría cuando lo viera. Caminé en mi cuarto como loca mientras dejaba salir gritos de angustia y de humillación. No me merecía la vida que estaba viviendo. Era una víctima de las malas decisiones de Sergio. Mi enojo se alimentaba más con cada paso, y luego tuve a bien lastimarme el codo con la esquina de mi escritorio. Fue ahí cuando me tiré en la cama a llorar como una Magdalena.

Después de un par de horas apareció Sergio. Se notaba que era presa de una terrible ansiedad, consecuencia del tono en mi voz cuando lo llamé. Recuerdo que estábamos en la planta baja, yo fumando, como siempre, y él con los ojos desorbitados, sudando y moviendo las manos en señal de desesperación.

—¿Qué pasa? ¿Por qué la urgencia?

—Porque ya no puedo más… Me mato trabajando y, aun así, le debo dinero a todo el mundo, tengo una soga en el cuello. No me alcanza para pagar el agua, ni la luz, ni el gas, y tú lo único que me dices es que no tienes…

—Es que es verdad, te juro que estoy desesperado. Ya no puedo más, no sé qué hacer.

—Pues ni modo, voy a tener que hablar con mi tío para que me preste dinero, y ya sabes cómo se pone, lo conoces bien. Va a querer demandarte, güey.

—¿Qué? ¿De qué estás hablando?

—Y no sé qué va a pasar con los niños…

—No, no, no, no se vale, Jessica. No me hagas esto. Tú y yo juramos que nunca meteríamos a los niños… No mames, eso no se hace. Te desconozco, nunca pensé que tú y yo terminaríamos así después del divorcio que tuvimos.

Sergio se detuvo, pues las lágrimas le impedían continuar. Yo sentía que la rabia me invadía en forma de temblorina.

—¿No se vale? ¡Qué cabrón eres! No me estás pasando la pensión de los niños, debes cuatro meses de renta, no te pido nada para mí, ¡no jodas! ¿Qué quieres que haga? ¿Y ahora yo soy la hija de puta? ¡No tienes madre!

—No estoy diciendo que seas una cabrona, pero entiéndeme: ¿qué hago?

—¡No sé, carajo! Es bronca tuya. Vende chicles en el metro, trabaja de velador, vende tu coche… No sé, me cae, pero lo que haces es la peor de las injusticias. Voy a hablar con mi tío.

—Jessy, te lo suplico. Por lo que más quieras, vas a matar a esos niños si les prohíbes verme. Tú lo sabes.

—No me estás dejando otra alternativa.

Me di la vuelta y comencé a caminar hacia el elevador, sentía que trinaba. Tenía las mejillas encendidas y apretaba tan fuerte las uñas contra mis palmas, que sentía cómo me cortaba la piel. Quería sentir dolor físico, un dolor que me hiciera olvidar, por unos segundos, el infierno que estaba viviendo. Quería desaparecer de mi vida y matar a Sergio.

¿En qué chingados estaba pensando cuando me casé con él?

Traje a mi mente la cara de los niños y el enorme amor que le tienen a su papá, para ver si se me bajaba el enojo, pero nada parecía funcionar. La furia crecía sin compasión ni miramientos. Quería acabar con Sergio y defenderme del abuso que estaba viviendo.

Entré a mi cuarto, abrí la ventana de par en par y prendí un cigarro. Le di unas caladas largas y profundas, quería inhalar todo el humo del mundo y que me diera un infarto en ese momento. Así, por lo menos, podría desaparecer y olvidarme de todos y de todo.

Llamé a Fabián para narrarle mi reunión con Sergio, y —como era de esperarse— su reacción fue terminante: me aconsejó que lo demandara de manera inmediata. Me contó —por enésima vez— lo mal que estaba con su exesposa, me tragué de nuevo la historia de que al principio todo fluía hasta que ya no. Su rabia era tal, que algo se encendió dentro de mí: yo no quería ser eso, no me quería convertir en él, un ser lleno de odio y resentimiento. Fabián estaba muy mal y ya ni cuenta se daba, la inercia y la venganza lo habían devorado. Llevaba años divorciado y su furia no cedía. Estaba solo y amargado, y frente a mí se dibujaba como un espejo en el que yo no me quería reflejar. Dejé que terminara su monólogo. Ya no lo estaba escuchando: su odio me arrojaba nueva luz sobre mi propia vida.

Colgué y salí a dar vueltas en el tráfico citadino, mentándole la madre a todo aquel que se cruzara por mi camino. Era una jungla: ese día la gente parecía más histérica que de costumbre, y eso me ayudó para perderme en el mar de locura y ser una demente más en el circo. Grité, hice gestos y señas con los dedos, me le cerré a los coches, le eché bronca a otros y desesperé a los conductores manejando delante de ellos lento, muy lento.

Mi rabia crecía y crecía y, con lágrimas de horror, tomé el teléfono y grabé en mis notas de voz un monólogo catártico:

—Estoy harta, me voy a retirar a vivir en los confines de mi cuerpo. ¡Se van todos a la chingada! Todos, menos mis hijos. Todo mundo tiene una opinión, alguna historia que hace alusión a lo que me acontece y algún consejo. Las palabras siempre están prontas a salir de sus bocotas. No se contienen, sólo escupen sus verdades. "Tienes que…", "A una amiga le pasó que…", "Así son los hombres…", "Eres una bruta porque no…". Asumo mi responsabilidad, completa. ¿A quién se le ocurre ventilar sus trapitos por ahí? Esto acaba ya, ahora. De hoy en adelante haré lo que me plazca y todos los demás que se vayan a chingar a quien se deje. Porque todos viven vidas perfectas, ¿no?

Regresé a casa. Después del tráfico y de fumarme un sinfín de cigarros, tenía la boca pastosa, el pelo me apestaba y sentía náuseas. Le mandé a Sergio un mensaje que decía: "No te preocupes, no te voy a demandar ni a quitar a los niños. Vamos a salir de esto juntos".

Dejé de contarle a la gente mis penas y asumí mi vida desde otro lugar. Estar enojada todo el tiempo sólo me traía pesar, metafórico y literal. Estaba gorda, tenía gastritis, dolores de cabeza terribles, acné e insomnio, entre muchas otras monerías. Todo se iba a la mierda a una velocidad apabullante.

En la noche, cuando mis hijos dormían, me senté a platicar con mi mente y con mi propia historia. Entonces por fin intervinieron mi corazón y las pocas neuronas que en ese momento vivían dentro de mi cerebro, así que pude asegurarme de dejar a las vísceras afuera de la conversación:

*Si demando a Sergio, le quito a los niños y lo encarcelo, ¿me va a pasar lana?*

No.

*Si lo amenazo y le pego de gritos y lo hago sentir de la chingada, ¿me va a caer la lana que necesito?*

No.

*¿El tipo se la pasa acostado en su casa esperando que le caiga dinero del cielo?*

Espero que no.

Cada quien es responsable de su propia historia, de asumirla. Hasta que no dejemos de culpar al de enfrente por nuestras propias carencias, viviremos en descontento y a medias. Me di cuenta de que yo era la única que podía hacerme sentir mejor. Que mis hijos eran mi responsabilidad, y que haría lo que estuviera en mis manos por sacarlos adelante de la mejor manera, con las herramientas que tenía.

Esa noche me hice la promesa de dejar de sentir lástima por mi situación. Renunciaría a ser el botadero de los amargados que me rodeaban, de esos que no quieren hacerse cargo de su propia mierda y que se la pasan culpando de su miseria anímica a la pareja, a los papás, a los hijos, al trabajo, y no se dan cuenta de que la verdadera libertad y el amor se encuentran dentro de uno.

Nada más.

Como diría Jesús: *El que esté libre de pecado que tire la primera piedra.*

Dejé de juzgar la vida de los demás y me aboqué a enriquecer la mía. Dejé de ser tan dura, porque nadie sabe lo que está cargando el otro. Tengo claro que a mí no me gustaría que me juzgaran con la vara con la que yo medía.

Afortunadamente la vida me alejó de la gente nociva y amargada que sólo buscaba lo que no funcionaba y a la que le fascinaba quejarse de su miseria. Decidí acercarme a seres de luz que miran hacia dentro y atesoran la existencia desde la gratitud.

# Fanfarrias para mi ex

## Sergio

El momento más angustiante de mis pesadillas es cuando el piso no me sostiene, cuando se crea un agujero gigante sin fondo que pronto me absorbe. No tengo de dónde agarrarme.

Jessica gritándome y amenazando con quitarme a los niños se convierte, aquella tarde, en ese hoyo negro de mis pesadillas.

Las cosas están cada vez peor, pero nunca vi venir ese golpe. Cuando le puse punto final a su amenaza y, con los ojos rojos llenos de ira, me lanzó una maldición silenciosa, sentí que mi único objetivo en esta vida sería vengarme de ella. Se había convertido en la persona a la que más odiaba, la que me quería quitar lo único que me importaba. Se fue sin escuchar razones, me dejó con una súplica en los labios. Yo sin esos niños me moría y ellos también, Jessica lo sabía, pero aun así iba a tomar acción legal para quitármelos. Me senté en una banca debajo de su casa, y cuando la vi desaparecer por la puerta cerré los ojos y me hundí en un futuro terrorífico, y todo por no tener un maldito centavo.

No sé cuánto tiempo me quedé ahí sentado. Mi teléfono sonó. Era ella. Se escuchaba tranquila. No tenía nada que ver con el energúmeno que se había ido. Me prometió que no haría nada en mi contra. Que saldríamos juntos de esa situación. No quise preguntar lo que había pasado. No quise saber de quién había sido la mano salvadora.

Después de ese episodio, que ha sido uno de los más aterradores de mi vida, Jessica y yo empezamos a tener un diálogo más sano. Entendimos que estábamos ocupando un lugar nuevo en lo que era una gran e interminable batalla sin tregua.

Buscamos por separado un perdón oculto y casi invisible, pero que intuíamos estaba dentro de nosotros. Teníamos que entender que, sin ese perdón, nada sanaría, ni ella ni los niños ni yo.

Hoy puedo caminar con la frente en alto y decir sin que me doblegue "soy divorciado". Y qué honor tener de exmujer a alguien como ella, que me ha demostrado que no sólo está para mis hijos: también está a mi lado en las buenas y en las malas, en otro papel muy distinto al de esposa, como mujer intachable, fuerte, congruente, guerrera y empática.

Me ha dejado impactado aun en las peores crisis económicas cuando la he marginado más que mantenido, cuando le he quitado más que proveído. Ella, que no cesa de defenderme ante aquellos que no me comprenden y no captan lo que es estar en mis zapatos, aquellos que se atreven a juzgarme con una terrible ligereza. Como si "ellos" fueran perfectos.

Hoy puedo darle un abrazo honesto en el que le deseo lo mejor, y sobre todo le agradezco por ayudarme a llevar a este barco en línea recta. En esos momentos en los que he sentido que no merezco nada, que no hay salida, en los que muchos te niegan hasta el saludo, mi ex me apoya y me motiva recordándome quién soy. Con sus palabras puedo sacar fuerzas ocultas para tener a mis hijos contenidos, sin que sienta que les fallo.

El divorcio es un gran tablero de ajedrez donde la inteligencia tiene un papel fundamental, no existe el azar. La estrategia, el conocer los movimientos de las piezas e ir tres pasos más adelante que el contrincante, garantiza la victoria.

Jessica y yo estamos muy lejos de ser perfectos, pero lo que tenemos muy claro, y lo hemos aprendido a la mala, es que no somos enemigos. Estamos en el mismo lado del tablero de ajedrez.

# Boy George

## Jessica

Mis nuevos propósitos sonaban maravillosos, en papel cada uno de ellos era inmejorable. Lo difícil fue llevar a cabo mi plan y pasar de ser un energúmeno que ideaba constantemente maneras de joder a Sergio, en aras de *la justicia*, a ser una mejor versión de mí.

La cercanía de los eventos que no aprobaba de Sergio me convirtió en un ser inflamable. Me sentía en un estado de constante agitación: la gastritis y la colitis eran parte de mi vida; la mandíbula trabada y los dolores de cabeza, también. Al principio sólo tenía la intención de estar mejor y dejar de pelear, pero esa intención se desmoronaba tan pronto me enteraba de algo que había sucedido y con lo que yo no estaba de acuerdo. No es fácil hacerse inmune a lo que uno considera que no está bien y dejarlo pasar.

Empecé a meditar. Corrijo: a calentar el sillón en donde me sentaba a fingir que meditaba porque, en realidad, sólo cerraba los ojos para darle rienda suelta a mis pensamientos y hacer historias en las que el enojo se instalaba de nuevo en el centro de mi pecho y de mis días.

Las llamadas con Sergio seguían siendo cortantes, y los reclamos brotaban a la menor provocación. Le contaba a quien se dejara la terrible situación en la que me encontraba y, sin darme cuenta, me victimizaba. Ahora entiendo que ser mártir no ayuda de verdad, pero cuánto se antoja… No hay nada como dar lástima. Provocar angustia en la gente que me quiere, me daba un falso sentimiento de compañía. Ser la víctima era delicioso también, porque me regalaba la ilusión de que la culpa no era mía. Sergio era el desobligado, el caradura que nos ponía constantemente en situaciones inaceptables.

La rabia, el enojo y la soberbia no son enfermedades que se curan, sino demonios que esperaban a encontrarme desprevenida para atacar. Cuando menos me daba cuenta ya estaba trepada en un animal violento que iba a todo galope mientras yo desenvainaba la espada. Estaba harta de que esos sentimientos me invadieran, harta de verme debajo de una eterna nube negra. Y eso me decidió a moverme.

Al principio me fui como hilo de media e intenté el paquete completo: meditación, yoga, box, escritura, etcétera… Pero eran tantas cosas juntas, que me quedé de nuevo en el principio, en la nada. Entonces decidí limitarlo a una sola cosa: meditaría diario, aunque fueran cinco minutos, a pesar de que mi mente y mis pensamientos me dificultaran la tarea. Si lograba dos respiraciones completas sin que se metiera algún pensamiento en medio, lo veía como un logro. Si tenía una conversación amable por teléfono con Sergio, lo festejaba. Me propuse tener diálogos conmigo misma más a menudo. Tenía cuadernos por todos lados, y cualquier idea buena o mala la apuntaba. Eso me empezó a dar la distancia que necesitaba, la perspectiva de la que hablaba mi sicóloga hacía tantos años y que yo no entendí… Aun así, hoy en día me tiro al drama de vez en cuando, me doy licencias, aunque ya no me es tan atractivo hacerlo.

Dejar de ser la víctima fue una cuestión de decisión. Tomar la responsabilidad de mi propia vida también lo fue, y lo sigue siendo.

Rompí las cuentas del dinero que me debía Sergio cuando entendí que no estaba dispuesta a quedarme sentada esperando a que mi ex tuviera un golpe de suerte y mi vida cambiara. El cambio lo haría yo. Compré todos los libros de autoayuda que encontré, algunos terribles, otros no tanto y algunos maravillosos. En ellos encontré palabras que me salvaron de las horas más profundas de mis eternas madrugadas. Encontraba frases y las ponía en las paredes de mi cuarto, en mi computadora, en la bolsa, en el espejo del baño, en todo lo que se dejara… de esa manera algo se le pegaría a mi obstinada cabeza.

Los lugares comunes que encontré en algunas lecturas me pusieron en mi lugar, y los grandes maestros de la historia me regalaron una gran sabiduría. La idea de que *el ojo por ojo va a dejar al mundo ciego*, de Gandhi, fue uno de los mejores antídotos antiviolencia que encontré.

Con el tiempo dejó de interesarme *por qué* nos habíamos divorciado, ya no le quería dar más cuerda a todas las razones que me habían llevado a tomar esa decisión. La pregunta que empezó a rondar mi mente después de que dejé de rumiar en mis dolores fue distinta: *¿para qué* me divorcié?

La respuesta llegó como un regalo que siempre había tenido enfrente, pero que no había podido ver. Me divorcié para ser libre, para reconocerme de nuevo, para reinventarme, y me cayó como un mazo en la cabeza la idea de que, si Sergio y yo no nos habíamos puesto de acuerdo en tantas y tantas cosas estando casados, ¿qué me hacía pensar que divorciados lo haríamos? Ése era un pensamiento mágico-cómico-estúpido.

Seguí meditando, a pesar de mi frustración, y empecé a ver resultados. No me volví el Dalái Lama ni nada por el estilo: aún miento madres, me frustro y me encabrono, pero tengo más lucidez para escoger mis batallas y aceptar la realidad tal cual es. Y la realidad es que Sergio y yo estamos divorciados. Me costó mucho entender ese concepto: *divorciados*. Fuimos pareja. Estamos divorciados. Somos *ex*.

Poco a poco también fui soltando la ilusión de tener el control de cualquier cosa, porque en realidad no tenemos el control de nada, y empecé a escuchar otras señales. Me di cuenta, por ejemplo, de que Sergio es el papá de mis hijos, y eso quiere decir que tiene el mismo derecho que yo para educarlos, decidir, regarla y acertar. Si él los deja dormirse tarde o les enseña películas que en mi opinión no son apropiadas es problema de él. Si cuando están con él salen con los pelos de locos y mal combinados, es problema de él. Yo hago lo que puedo cuando estoy con los niños y trato de manejarme bajo los preceptos que predico. Más, no puedo hacer.

Cuando mis hijos regresan de estar con Sergio, me muerdo los labios para no preguntar cosas que sé me harán morir de coraje. Después de muchos encontrones con la bilis que me producía cierta información, decidí abocarme únicamente a enterarme de lo relacionado con la integridad física y emocional de mis niños.

Las amenazas, súplicas y demás intentos de mi parte porque las cosas se hicieran como YO quería no surtieron ningún tipo de efecto en Sergio. Lo que sí sucedió fue que yo me frustré en una infinidad de ocasiones. Mis hijos no son de mi posesión, y yo no soy su jefa.

Una tarde, tras una salida al cine para ver *Intensa-Mente*, les pregunté a los niños su opinión y me dieron una cátedra que me dejó con la boca abierta. Su papá ya los había llevado a ver la película y por horas se había dedicado a hablar con ellos sobre los temas que se tratan en el filme. Exprimieron todas las historias, además de que Sergio atinó a poner ejemplos reales para ilustrar aún mejor el tema central.

Llegamos a la casa y me quedé pensando en lo que Sergio trae a sus vidas. Su excentricidad es parte fundamental del desarrollo de mis hijos. Lo adoran y se ha ganado todo ese amor completito y con creces. Mientras los niños se metían a bañar, les pregunté qué era lo que más les gustaba de su papá, y me contestaron dos cosas: les gustaba que dedicara tiempo para explicarles las cosas importantes, y cómo cocinaba. "Sin ofender, mamá, papá cocina mucho mejor que tú", me dijo Camila. De acuerdo: yo jamás pretendería competir con los platillos de Sergio. Él les hace lo que llama "cenas temáticas SNL", porque son sanas, nutritivas y ligeras: "pavo de vaquero", "pavo asado en sartén, como del rancho", "quesapizza", "la quesadilla del abuelo Bebe"… También les enseña de música y les muestra las películas que lo marcaron y que ahora afectan a mis hijos también.

Los niños siguieron enlistando las cosas que les gustaban de su papá, y me di cuenta de que Sergio y yo hacemos un gran equipo. Y decidí —porque esas cosas no surgen: se deciden— que me iba a enfocar en lo que Sergio sí aportaba, en entender las circunstancias sin pretender cambiarlas. Nadie es un completo hijo de la chingada, nadie es un ángel. Hay que saber dónde y qué buscar. Y eso se decide.

El dinero llegaría: no es un pecado que te vaya mal económicamente, eso se recupera. Sin embargo, la gente, sin darse cuenta del daño que hace, opina. *Que consiga otro trabajo, que busque más, que se mueva*… Y no ven el otro lado. Yo prefiero ser parte de la economía familiar y que mis hijos tengan un papá que come con ellos, que hace las tareas con ellos y que sienten su casa como propia porque la habitan casi tanto como la mía.

Entiendo también que hay una justiciera en mí que me dice que no me deje, que me repite lo que no es justo y por lo que tengo que luchar. Es una chamba dura la de lidiar con los demonios que cargamos, así que dialogo conmigo, me convenzo, me mareo, y hay veces que no la libro y traigo un humor de perros. Pero sé que eso pasará y sé que son menos los días malos.

Un día de esos en los que estaba que no me aguantaba, sonó el teléfono. Hasta el sonido me irritó: "¡Malditos teléfonos! ¿Tienen que tener ese timbre tan molesto? ¡Carajo!".

—Hola, Jessy. Sólo quería decirte que Culture Club estará en México y sé cuánto quieres a Boy George…

—¡Aja! —contesté con desgana, arrepintiéndome por haber tomado la llamada—. ¿Tú vas a ir? —pregunté, retadora.

—¡Claro! ¿Te acuerdas de Rodrigo, mi amigo de la universidad? Él trabaja en Ocesa y me consiguió un boleto.

Fingí que la recepción del teléfono era mala y colgué sin más. Lo habría podido matar: esa noticia era la única que me faltaba para rematar el horrible día que estaba teniendo.

Los días pasaron y yo no logré juntar el dinero para ir a ver a Culture Club. Frustrada, pensé que ojalá Boy George no se *me* muriera como lo había hecho George Michael, para tener la oportunidad de verlo en otra ocasión.

Un día antes del concierto estaba hablando con Sergio para ponernos de acuerdo con el tema de los niños y me preguntó si iría al concierto.

—No…

—Tengo un boleto extra. ¿Quieres venir?

Mientras bailaba al ritmo de "Do You Really Want to Hurt Me", volteé a ver a Sergio y pensé que, al final, todos somos víctimas de nuestro pasado y de nuestros demonios hasta que decidimos dejar de serlo, hasta que decidimos desde dónde y cómo queremos vivir. En este mundo en el que la gente "gris" pulula, me siento afortunada por estar cerca de un ente tan extraordinario y excéntrico como mi exmarido.

La distancia de casas, coches, vacaciones y rutinas es justa y necesaria, y la cercanía de tener dos hijos en común, y la eternidad que eso implica, es maravillosa. Porque todo mundo debería de tener un Sergio cerca… pero nunca demasiado cerca.

# Epílogo: desde la meta…

## Jessica y Sergio

En este momento de nuestra historia llevamos siete años separados.

El paso del tiempo y el cambio de circunstancias nos hicieron entender que somos una familia alternativa. Nos quedó claro hace un rato que, si queríamos vivir bien y darles una buena vida a nuestros hijos, teníamos que aprender a manejar nuestro divorcio desde un lugar distinto a la norma: encontrar un rincón pacífico para entender la nueva vida en la que nos embarcamos.

Cuando empezamos a hablar de escribir un libro con nuestra historia, nos emocionamos, pero también fuimos presas del terror. ¿Y si ese experimento abría heridas ya cerradas? ¿Escribir juntos arriesgaría lo que nos había costado tanto trabajo construir? ¿Qué contaríamos? ¿Hasta dónde llegaría nuestro compromiso con la verdad?

Por otra parte, si el libro se publicaba, lo leerían nuestros hijos en algunos años. ¿Qué tanto estábamos dispuestos a revelar?

Esas preguntas nos llevaron a entender que, de escribir el libro, tendría que salir directamente de la entraña, desde lo dañado y desde la luz. Tendríamos que perder la ilusión de controlar el resultado y hacer un compromiso con lo que sentíamos de verdad; de no ser así, no tendría ningún caso el esfuerzo.

Y así fue como empezamos a escribir: elegimos un evento importante de nuestra vida en pareja y cada quien relató cómo lo había vivido desde su trinchera.

Después de hacer el ejercicio e intercambiar textos, nos dimos cuenta de que los dos puntos de vista eran irreconciliables, pues cada quien ve la vida de una manera muy distinta. La reflexión que hicimos a partir de los textos nos llevó a entender que los juicios de valor sobraban, que lo que queríamos era plasmar como una estampa, y de la manera más honesta posible, nuestra historia. Así pudimos dejar atrás las dudas y empezamos un proyecto catártico, divertido, doloroso y sorprendente con el cual nos sentimos profundamente agradecidos.

Hoy en día los que nos separamos de nuestras parejas ya no sufrimos de una soledad única y novedosa. Finalmente, los humanos nos estamos divorciando de muchas cosas… *Nos quisimos… matar* es la historia del único divorcio que sí nos hemos atrevido a consumar y después, con tiempo, conciencia y reflexión, a superar.

# Agradecimientos

*De Jessica:*

A mi abuelo José Raijman, mi inspiración, mi primer lector, "mi primer abuelo consentido".

A mis hijos Sebastian y Camila, mis amores, por recordarme que siempre hay en mí una mejor versión.

A mis padres Miguel y Frima, mis hermanos Emilio, Rebe y Chiq, y mis cuñados Ricky, Cecile y Tere por no soltarme, a pesar de mis locuras, y por ser la red que siempre me cacha.

A mis tíos Dina y Jaime Scheinman por esas lágrimas que humedecieron los primeros borradores del libro y por tanto amor.

A mis abuelas Flora y Amalia, por estar pendientes y preguntarme cada lunes por el libro.

o

A Beatriz Rivas, por tu cariño, tu apoyo incondicional y tus eternos conocimientos. Sin ti, mis proyectos serían sólo quimeras.

A Max Ehrsam, por haberme acompañado tan de cerca a lo largo del drama y luego de la escritura del libro. No me podría imaginar la vida sin ti.

A Jacqueline Waisser, por ser un personaje tan importante en esta historia y en todas las historias de mi vida.

A Shoshana Turkia, por creer en mí, a veces, a pesar de mí misma.

A Ruth Reséndiz, hermanita, por nuestros lazos eternos y profundo amor.

A Claudia Wenzel y María Scanlan, por una cercanía que nada tiene que ver con espacios ni tiempos.

A Tamara Trottner, por una lectura amorosa y puntual y por una amistad tan cercana, que parece de otras vidas.

A Paulina Vieitez, por haber plantado una semilla, por presentarnos a nuestra casa editorial y por el cariño.

A Ramón Córdoba, por enseñarme con el ejemplo que somos ebanistas.

A Alejandro Morales Heyser, por tu amistad intensa y amorosa, tus consejos y dirección.

A Fernando Zurita, por aventarme un pedazo de pan y orientarme cuantas veces lo necesité.

A Myrna Lewinsohn, porque desde que nos reconocimos, no nos hemos soltado.

A Federico Traeger, por regalarnos el título del libro y por tus comentarios.

A Adela Jalife, Thaly Slomovitz, Marian Becherano, Samantha Lew, Haya Wasserstein, Carolina Sunikanski, Jocelyn

Scheinberg, Ana Eguibar Cepeda, Deborah Iturriaga, Teresa Busto Tarelli, Raquel Salame, Melina Cohen, Tania Rudelman y Jessica Urow, por las porras y el entusiasmo.

A Daniel Pupko, por haber leído el primer borrador con tanto cariño.

○

A Sergio, porque se necesitan dos para tener el divorcio que tenemos y para escribir un libro como éste.

## De Sergio:

Después de pasar lo que he pasado, si hay algo que se remarcó en mí es el verbo *agradecer*. Nunca fui malagradecido, pero hoy en día creo fielmente que dar gracias es el más importante de los actos.

Así que las gracias que doy en este momento, al estar publicando mi primer libro, son interminables y poderosas. Además, no es cualquier libro: para mí es todo un proyecto que me hizo renacer, resetearme y dejar peinados a cada uno de mis demonios.

Comienzo con un agradecimiento a Dios, por llevarme de la mano a los fangos que crucé y cuya oscuridad fungió como la luz de mi rumbo para llegar a esta nueva paz interior.

A mi padre Belbl, por sus memorables excentricidades que forjaron mi carácter y los principios que, sin duda, son los

215

detonantes de mis bases positivas y negativas, y que me hacen poner los pies en su lugar.

A mi madre Rijele, por sus incansables repeticiones en forma de consejos, opiniones y enseñanzas, que quedaron sembrados en mí e hicieron crecer valores positivos y arraigados.

A Dinorah (Dominique), mi hermana mayor, por sus interminables muestras de apoyo, cariño y empatía que me dejan moverme en un terreno de pertenencia absoluta, y que seguramente tuvieron un gran peso para que me volviera un ser humano más consciente.

A Jenny (Eugenia), mi hermana menor, por sus desmedidas similitudes con mi personalidad, lo cual nos marcó como dos locos perpetuos que crearon ese mundo Kravetz en donde nos entendemos más allá de las palabras.

A mis amigos/hermanos por antigüedad, porque con cada uno de ellos aprendí, viví e inventé un vínculo que me reforzó la importancia de la empatía y la trascendencia; y por estar siempre ahí, reiterando el saber de que es mejor avanzar en manada que solo.

A mis nuevos amigos y amigas, y a algunos familiares cercanos que en los últimos cinco años delinearon un rumbo fresco en mi camino, para que me suavizara y volviera a resurgir como un hombre recargado y lleno de bondades intangibles.

o

A Jessica, mi exesposa y excompañera, y ahora mi coautora y socia en este proyecto tan trascendental. Gracias por convertirte en la otra mitad de este libro, y gracias sinceras por los buenos años en nuestro inicio. Sin ti esto no existiría. Ya que existe hasta orgulloso estoy de ti, aun después de haberte odiado al máximo; gracias por ser esa madre inteligente que tatúa recurrentemente a mis niños con reiteraciones afirmativas (aunque no sean ciertas, ja, ja) sobre su padre.

o

Y a mis niños: gracias incalculables a estos dos nuevos e inocentes humanos que llegaron al planeta sorpresivamente, cuando la ignorancia y la ingenuidad reinaban en mis adentros. Son los dos mejores maestros que Dios y la vida me han regalado.

Sebastián y Camila: ustedes son la inspiración y los motores que nunca antes creí poseer. Ustedes, con sus palabras y con esos rostros decorados de sonrisas, han logrado que me convierta no sólo en el papá más feliz y agradecido de este planeta, sino también en un escritor honesto.

Este libro es por ustedes, para ustedes y de ustedes. Ustedes son los protagonistas de esta novela no ficticia llamada vida.

## De Jessica y Sergio:

A Rogelio Villareal Cueva, director general de Océano, por creer en el proyecto de forma contundente.

A Pablo Martínez Lozada, nuestro editor, por sus correcciones puntuales, sus comentarios acertados y un gran ojo para ver lo invisible.

A Guadalupe Ordaz, coordinadora editorial, por el entusiasmo con el que recibió el libro y a nosotros.

A Rosie Martínez por el trabajo de promoción que nos espera, y a Jorge Garnica por la portada.

# Índice

## Primera parte

## Segunda parte

## Tercera parte

Esta obra se imprimió y encuadernó
en el mes de marzo de 2019,
en los talleres de Impregráfica Digital, S.A. de C.V.,
Av. Coyoacán 100–D, Col. Del Valle Norte,
C.P. 03103, Benito Juárez, Ciudad de México.